JN215318

思想はいま
なにを語るべきか
福島・沖縄・憲法

高橋哲哉
前田　朗　共著

三一書房

はじめに

時代の転換期という言葉はとうの昔に手あかがついてしまったものかもしれません。それでも、２０１０年代後半の現在もやはり時代の転換期と呼びたくなる諸現象が溢れています。

一方では、ＩＴ技術の飛躍的浸透、ロボット工学や無人自動車の発展、仮想通貨に代表される社会工学の知の体系の具体化、新時代を迎えた宇宙観測と物質の極限への挑戦など、日々、目の覚めるようなニュースが配信されています。

他方で、この社会では、貧困と格差が新たな「階級」化を遂げるほど分断が進行し、労働現場には悲痛な叫びが、聞き届けられることもないかのように静かに響き続けています。

福島第一原発事故をはじめとする巨大技術の破綻と悲惨な結末が社会に深刻なダメージを与えています。しかし、科学者も企業も政治家も一切責任を取らず、事態を放置しています。

沖縄への米軍基地押しつけによる「事故」の連続にもかかわらず、日本政府は徹底的な沖縄差別を断固として維持する姿勢です。本土の多くの人々がこうした事態を嘆きながらも、事態を変える手立てを見つけることができずにいます。

集団的自衛権問題、安保法制という名の戦争法、これらに続く改憲問題を通じて浮かび上がってきたのは、この国には立憲主義も議会制民主主義も存在していないという戯画的状況です。形骸化したという生ぬるい言葉では実態を表現することができません。

　国際社会においても、差別と虚妄と横暴を実演するトランプ米大統領の思いつきに右往左往させられるメディア、独裁とテロと内戦と難民を抜きには語れない国際情勢、未確立の国際立憲主義を根底から覆そうとする軍事的冒険主義など、世界は予測不能のリスクにおびえ続けるありさまです。

　本書は、時代の転換期をどのように把握し、どのように思考し、次代への希望を紡いでいくのかという思いから、哲学者の高橋哲哉さんにインタヴューを行った記録です。原発問題、沖縄米軍基地問題、改憲問題の３つの柱に即して、過去と現在を見つめながら、時代の転換期を生きる一人の知識人が現実と格闘した思考の記録です。

　安易に未来予測や展望を語るのではなく、かといって現状追随に陥ることなく、自らの足場をしっかりと踏まえながら思考の可能性を追求する営為を追体験してください。

目次

第一章
フクシマ――3・11以後をあらためて考える

インタヴューの前に忌野清志郎の歌「サマータイム・ブルース」を聴いてもらいました。1988年、チェルノブイリ事故の2年後ですが、RCサクセションのアルバム『COVERS』が発売中止になりました。後にタイマーズというグループ名で発売されました。そこに収録された「サマータイム・ブルース」はエディ・コクランの歌のカバー・替え歌で、反原発の歌として有名です。

変わったことと変わらないこと

――今日は、フクシマ、3・11をあらためて考えるということで、福島原発問題を中心に伺います。まず、最近の状況について思うことをお願いします。3・11から6年が過ぎました。その間、大きく変わったこととしては、社会的な意識の在り方とか裁判所の対応とか、いろんなところで変わったところは変わりました。しかし、2012年12月に安倍晋三政権は原子力エネルギーを一番のエネルギーとして位置付けて原発再稼働政策を進め、さらに原発輸出まで画策してきました。他方で、国民の意識や、地方自治体の選挙――特にこの間の鹿児島県知事選、新潟県知事選では新しい動きも起きています。2017年には、被災者たちが被害を司法に訴えた訴訟の判決（前橋地裁、千葉地裁、福島地裁）も出ましたが、司法による被害者救済はきわめて限定的で、ふたたびの棄民と言わざるを得ない状況になりつつあります。そういう状況をご覧になって思うことをお願いします。

高橋　たしかに社会的な意識が変わった、原発を巡って変わりましたね。私もその中に含まれる人間です。といいますのは、2011年3月11日以前にも、私は原発と言われればネガティブな考えを持っていました。止めたほうがいいのではないかと思っていたのですが、それ以上のことを自分のテーマとして調べたり考えたりはしなかった。友人の中には、残念ながら2005年に亡くなってしまった大庭里美さんのように、原発問題に真剣に取り組んでいる人もいました。福島の事故の前ですから日本の中では圧倒的なマイノリティです。

――大庭里美さん（1950〜2005）は、プルトニウム・アクション広島代表として、反核・反原発運動に挺身しました。

高橋　大庭さんは、原発について講演依頼があって現地へ行ってみると、電力会社などが手を回したのか聴衆が数人しかいないなどということがよくある、と苦笑しながら話してくれました。反原発＝おかしな人たちといった世間の空気の中で孤立しながら、いろいろ嫌がらせを受けながら、それに負けずに警告を発しつづけていた。周りにそういう友人がいたのに、私は原発をテーマとして取り上げることをしてこなかった。

――高橋さんは福島のご出身ということですが。

高橋　福島で生まれ育った人間です。それなのに、自分の故郷がこういう目にあう、これだけのリスクを抱えていたということを、事故があって初めて、打ちのめされるように気がついた。ですから偉そうなことは言えないのですが、あの事故をきっかけにして、真剣に考えるようになりました。日本社会の意識が変わったように、私の意識も変わったわけです。

私は福島県内の中通り、浜通り、会津の6箇所に住みましたが、小学校に入学したのは第二原発のある富岡町です。そういう個人史があるので、この事故は本当に大きな衝撃でした。そこから、どうして自分はこのことに気づかなかったのだろう、そして原発とはいったい何なのだろうと考えざるをえなくなって、福島にはもちろんしょっちゅう行きますが、被災地にも何度も入りました。

多くの人たちからお話を直接聞いていますし、そうやって自分の考えをまとめてきました。

それで最初に出したのが『犠牲のシステム　福島・沖縄』（集英社新書、２０１２年）でした。この本は事故のショック、余燼がくすぶっている中で急いで書いたものなので荒削りのところもありますが、今でもその考え方は変わっていません。

――この本の内容は、原発民衆法廷の第一回東京公聴会（２０１２年２月）でコンパクトにお話しいただきました。その記録はブックレット『原発民衆法廷①』（三一書房、２０１２年）に収録されています。第一回公聴会の時すでに高橋さんの本は出版されていましたから、福島原発事故から数ヶ月で書かれた。（原発民衆法廷について本書57頁参照）

高橋　そうですね。事故後、最初に福島に入ったのが２０１１年４月でしたから、そのあと半年くらいでまとめた感じです。

――「犠牲のシステム論」については後ほど詳しく伺います。３・11以前、原発問題について研究されてこなかったということですが、哲学の領域でこういうテーマを研究されてきた方はあまりいないように思います。

原発問題と哲学

高橋　そうですね。数少ない中では、ドイツのギュンター・アンダースがいます。ハンナ・アーレントの最初の夫だった哲学者ですが、『核の脅威――原子力時代についての徹底的考察』（法政大学出版局、２０１６年）などの翻訳があります。アンダースは、ナチスのアイヒマン問題から出発して、特に戦後西ドイツ（ドイツ連邦共和国）における冷戦最前線での核兵器配備問題に実践的に関わって、核の問題を考える中で原発の問題にも言及していました。

――『われらはみな、アイヒマンの息子』（晶文社、２００７年）の著者ですね。

高橋　ナチスの一役人であったアドルフ・アイヒマンが自らは手を下してないにもかかわらず、官僚としての役割を果たすことでユダヤ人に対する大量殺戮に関わった。それと同じように、現代の巨大化した技術は核兵器もそうですし原発もそうですけれども、普通の人間が組織の中で関わることで、一人ひとりの責任が見えない形で、われわれの想像力が及ばないスケールの加害と被害が生み出されます。誰に責任があるのか。個人と個人の加害―被害であればすぐにイメージできますが、核技術はそうではない。ある普通の一人の人間がルーティン・ワークで関わることが途方もない規模の災害なり犯罪なりになって出現する。そういう意味で原発問題も「アイヒマン問題」に繋がっているという意識があったと思います。

──「凡庸」や「陳腐」という言葉ですが、ハンナ・アーレントの『イエルサレムのアイヒマン──悪の陳腐さについての報告』（みすず書房、1969年）で提起された問題です。後に、アイヒマンを「主人公」にした映画『スペシャリスト──自覚なき殺人者』が公開されました。高橋さんは、ロニー・ブローマン＆エイアル・シヴァン『不服従を讃えて──「スペシャリスト」アイヒマンと現代』（産業図書、2000年）を翻訳・紹介しました。「凡庸な悪」「悪の陳腐さ」という言葉が使われています。とんでもない悪人がいて何かが行われるのではなくて、ごく平凡な市民が巨大な悪を引き起こしてしまうことがあり得る。ナチス・ドイツのガス室をはじめとするジェノサイドや人道に対する罪について使われた言葉です。そういう発想と原発問題はどのように結びつくのでしょうか。市民、あるいは科学者というところで考えた場合に、もともと結びついていたはずだということでしょうか。

高橋　そうですね。いったん何かアクシデントが起こった時に、その帰結が途方もないものになる。私たちの想像力がとても及ばないような結果をもたらしてしまう。そういうテクノロジーの時代に入っているということをアンダースは西ドイツの反核運動の中で考えた。

——アウシュヴィッツ以後の人間学を再考したアンダース『異端の思想』（法政大学出版局、1997年）にもその基本思想が示されています。ところで、哲学者の原発論議ということで言うと、高橋さんはフランス現代思想の研究者ですが、原発大国フランスの哲学者はどうでしょうか。

高橋　何人かいますし、翻訳も出ていますけど、福島原発事故の前、原発へのラディカルな批判を提示した哲学者は、寡聞にして知りませんね。

——あまり聞かないですね。ドイツでは福島原発事故後にメルケル政権の下で脱原発が語られましたが、そのときにやはり哲学者たちが噛んでいますよね。

高橋　メルケル首相のつくった倫理委員会には倫理学者が入っていました。

——哲学者や、リスク社会論などの社会学者がいて、現代社会が様々なリスクを抱えているという視点です。科学の発展、技術の発展によって巨大なリスクが生じ、それを我々はコントロールしきれない。将来の世代に責任を持てない。そういうことを唱える研究者がドイツには目立ちますが、フランスはまだそうはなっていない。

高橋　核兵器保有国で「原発大国」でもあるフランスだから、なのか。批判的言説が少ないから「原発大国」なのか。ただ、福島の事故後は人文系の知識人にも問題意識が広がった印象はあります。「フクシマ：犠牲のシステム」という拙論を寄稿した『Penser avec Fukushima』(Editions Cécile Defaut ２０１６年）という論集も出版されました。

ちなみに日本では、ズバリ『脱原発の哲学』と題した本も出版されています。

――佐藤嘉幸・田口卓臣『脱原発の哲学』（人文書院、２０１６年）ですね。アンダースの議論を採用して「核アポカリプス不感症」の深刻化を指摘し、フーコーの「権力＝知」の視点から原子力発電と核兵器の等価性を論じるなど、原発をめぐる諸問題を徹底的に追及しています。

原発をめぐるせめぎ合い

――まず哲学の状況を伺いましたが、日本の社会状況に移ります。原発問題に関する社会意識が分裂していて、これからどうしていくのか。政治意識、社会意識の分裂を私たちがどう受け止めて、どういう方向に議論を進めていくのか。一つひとつ確認をしていきたいと思います。

今日は、福島原発かながわ訴訟原告団及び支援の会（略称：ふくかな）のみなさんが参加されています。原発被災者で神奈川県に避難してきて、「避難者の権利」を主張して訴訟を闘っている方たちです。避難者の権利――権利という以前に避難者の存在、生命、意識そのものを直撃するような出来事が未だに起きています。高橋さんは直接の避難者ではありませんが、福島出身です。高橋さんには避難を余儀なくされている人の状況はどういう風に見えていますか。

（避難者の権利について本書69頁参照）

高橋　福島の事故後に社会の原発に対する認識は大きく変わった。脱原発運動がかなり盛り上がった時期もありました。ところが、やはり時間が経つに連れて、これは人間である限り避けられないことかもしれませんが、あの日々が次第に遠ざかるにつれて、「風化」と言われるような傾向も社会の中に広がってきたと思います。他方、そんな中でも、避難者の権利を訴えたり再稼働差し止めの訴訟を起こしたりという動きもあって、今なお世論でいうと脱原発のほうが多数の状況でしょう。そしてそういう世論を無視して安倍政権は再稼動、原発推進に戻っている。これは民主党政権の終わりの頃からそういう感じになってきたわけです。今はまさにそうしたせめぎ合いの状況であって、推進派の方向に持って行かれてしまうのかどうか、ギリギリのところに来ているのではないでしょうか。

鹿児島の川内原発、新潟の柏崎刈羽原発など、どこもせめぎ合いが続いています。仮処分が認められて今止まっていますよね。川内と伊方は再稼動してしまい、川内原発を止めようという三反園《みたぞの》訓《さとし》知事の要請は拒否されました。

――2016年12月、残念なことに、三反園知事は川内原発1号機の再稼働を容認し、その後、脱原発の姿勢を否定するかのような言動を繰り返すようになりました。

高橋　新潟では2016年10月の選挙で、米山隆一知事が誕生しました。柏崎刈羽は世界最大の原発ですが、その再稼動に慎重な知事が誕生した。全体としてせめぎ合っている。ここからどちらに行くのか、まさに岐路に立っているというのが私の認識です。

政権のほうは完全に前のめりで、電力会社も再稼動、再稼動となっている。これを、脱原発がなお多数の世論で止められるかどうか。残念ながら一番の問題は、この脱原発の世論を政治的に代表する勢力がない。世論の受け皿が国会にない。それが少数派にとどまってしまっていることではないか。今度また総選挙をやるんじゃないかと言われていますね。そうすると3分の2どころか、4分の3くらいは改憲派で占められてしまうといった観測もあります。安倍首相率いる政治勢力がこれ以上大きくなっていったらどうなってしまうのか。最大の問題は世論の受け皿がない、政治的な受け皿がないことだろうと私は思っています。

*編集部註（2017年10月、解散総選挙で、政権与党313議席獲得。自民284、公明29議席）

脱原発の政治的受け皿がない

——避難者の権利という議論をすれば、少なくとも生存権なり生活権なり、あるいは人間の尊厳なりという議論が立って、社会的には一定の説得力を持つはずであるにも関わらず、政治的に受け皿がない。日本の政治や社会のあり方という面で一体何故こういうことが起きているのでしょうか。

高橋　いろいろな分析ができるでしょうけど、一つはいわゆる55年体制の崩壊でしょう。

――55年体制とは、敗戦後の混乱期を経て、1955年に政界再編成が行われ、自由民主党が与党第一党、日本社会党が野党第一党を占める体制です。1990年代半ばに日本社会党が解体して、社会民主党になった時期まで続きました。

高橋　かつては与党の自民党に対して、野党が3分の1以上を確保して牽制していた。社会党を中心として革新勢力がまだ元気なうちは、自民党内の派閥相互の牽制もあり、それなりにチェック機能が働いていた。けれどもそれが、冷戦が終わりに近づくにつれて崩れ始め、冷戦が終わるとともに崩壊した。1960～70年代には政権に対する反対世論の受け皿になっていた革新勢力が、すっかり弱体化してしまった。それがまずあると思います。こうして全体として政治が保守化ないし右に寄った中で、自民党に対する対抗勢力として出てきたのが民主党でした。民主党――その後、民進党になりましたが、これを何というべきなのか。リベラル派というのか、中道派というのか、リベラル保守とい

うのか。とにかく自民党に対抗する勢力として登場し、選挙制度を改革して政権交代可能なシステムにするのだとなって、一旦成功したのだけれど、うまくいかずに政権を失った。そこで国民の多数に「やっぱり任せられない」というイメージを与えてしまった。それがとても大きい。

ですから今、安倍政権でなくても良い、あるいは安倍政権では困ると思っている人も多いし、私は最初から安倍政権には退陣して欲しいと思っているのですが、そういう思いを受け止める政治勢力がなくなってしまった。

――大きな観点では、日米安保の下での日本があり、そこで栄えてきた経済、あるいはその下で成り立ってきた社会がある。それが至るところに繋がっているということになって、話がどんどん広がると思いますが、とりあえず現状にいたるプロセスとしては、日本の政治状況の再編成過程が私たちの側から見ても失敗してしまった。その状況の中で安倍政権の一人勝ちになってしまっている。それが故に、国民の中では脱原発の意思が表明されているのに政治過程にはそれが乗っていかない。では、それをどう防ぐのかというのが、これからの話になります。

高橋　福島の現状を見れば、安倍政権がいかに欺瞞の上に成り立っているか、確認できるはずです。安倍首相がまた「復興五輪」みたいなことを言っていますが、ＩＯＣ総会で「福島はコントロールされている」という大嘘を世界に向かって吐いた。その状況は変わっていない。汚染水の問題は「防護壁を作れば大丈夫」と言っていたのに破綻しています。廃炉への道筋もいまだに不明。溶け落ちた核燃料がどこにあるかもはっきりしない。要するに、事故そのものが収束していない。

避難者に対する政府の方針はどうか。2017年3月に自主避難者への住宅支援を打ち切りました。支援金を切ると同時に帰還への圧力を強めるという一石二鳥をねらっているのでしょう。年間線量20ミリシーベルトを基準にして、それ以下であれば「住めるんだから帰りなさい。帰るのが当然だ」という形で、それを「復興」と呼んで圧力をかけている。避難者への切り捨て政策を進めている。「帰りなさい」と言われても、放射線量がまだまだ高い中で、不安で帰れないのが当然だと思います。

避難しないで現地にとどまった人たちも、子どもたちの甲状腺癌のことが大きく取りざたされているように、健康不安を抱えているのになかなか語れないわけです。とても敏感な話題であって、甲状腺癌の話など福島でお母さんや娘さんや子どもたちがいるところではなかなか話題にできない。それもやむを得ないところがあって、それだけ不安が大きいわけです。そういう不安の中に陥れた、何年も続く不安の中に陥れたこと自体が原発事故の罪だと思います。そういうことがずっと気になっています。そこから見ると、安倍政権の欺瞞はとてもよく見えるんです。

――福島原発事故の被害を矮小化して、原発推進、再稼働、そして原発輸出を進めています。そのためには、自主避難者に「帰還」を強制する必要があります。「フクシマはアンダーコントロールされている」とか、「日本の原発は世界一安全である」など、異常な主張を平然と唱えています。

マイナス100%とは

――配布資料の新聞記事で現状を確認しましょう。

高橋　『朝日新聞』2016年2月11日の記事があります。2016年の3・11で事故から5周年。次第に「風化」していく、させられていく印象がある中で、「5周年」を契機にさすがにメディアの記事も目立ったのですが、私にとって一番印象的だったのがこの記事です。東日本大震災の主な被災三県、岩手、宮城、福島の沿岸自治体の人口動態を調べたものですが、最新の国勢調査を朝日新聞が分析したところ、人口減少率がこういうふうに出た。三陸はやはり、かなり減少率が高い。宮城県は仙台市や幾つかのところがプラスですが、女川とか南三陸とかはやはり大幅に減っている。さて福島について見ると、いわき市は復興需要で避難者が集中したこともあってプラスになっていますが、何と言ってもマイナス100のところがあるんです。国勢調査の統計上も、誰もいなくなってしまった地域が明白に現われたんです。北から順に浪江町、双葉町、大熊町、富岡町。さきほど触れたように、私はこの富岡町で小学校に入学して、3年生までここにいたんです。私の思い出の地がマイナス100なんです。これはショックでした。飯館村もマイナス99・3。ほとんど誰もいなくなってしまったんです。

「風化」というのは、「怖い事故だったけれども、この4つの町で良かったね、この地域だけでよかったね」という意識がどこかにある。でも私は、このマイナス100というのは4つの町だけじゃないと思うんです。もしかしたら東日本がみなマイナス100になっていたかもしれない事故だった。それを見て取らないと、まさに風化してしまうと思うんです。

配布資料の写真は、大熊町にある汚染土の仮置き場です。中間貯蔵施設を作り始めたところで、県内の仮置き場に置かれていたフレコンバックが集められています。この中に除染して出た汚染土が詰め込まれている。これをダンプカーで県内全域から持ってきて、ここに積み上げている。その作業が始まっています。これはあくまで「中間」貯蔵施設であって最終的には県外に持って行く、という話なのですが、はたして本当に「中間」なのか。ここが最終処分場にされる可能性もあります。今の福島を象徴する光景ですね。

――除染自体が放射性物質の移動に過ぎなかった上、移動した後の貯蔵施設を決められない。どこも引き受けませんから、福島県内でたらいまわしになる可能性が高い。

高橋　もう一つお配りした資料は、２００６年12月13日の衆議院での質疑です。まず、吉井英勝議員が出した「巨大地震の発生に伴う安全機能の喪失など原発の危険から国民の安全を守ることに関する質問主意書」があります。これは衆議院のウェブサイトに掲載されている。この質問に安倍首相が答弁しています。吉井議員が「海外（スウェーデン）では二重のバックアップ電源を喪失した事故もあるが日本は大丈夫なのか」と質問したのに対して、安倍首相は「海外とは原発の構造が違う。日本の原発で同様の事態が発生するとは考えられない」と答弁していた。

――「冷却系が完全に沈黙した場合の復旧シナリオは考えてあるのか」という質問に対して、安倍首相は「そうならないよう万全の態勢を整えている」。「冷却に失敗し各燃料棒が焼損した（溶け落ちた）場合の想定をしているのか」に対して、「そうならないよう万全の態勢を整えている」。「原子炉が破損し放射性物質が拡散した場合の被害予測を教えてほしい」に対しても、「そうならないよう万全の態勢を整えている」。「これだけデータ偽造が繰り返されているのに、なぜ国はそうしたことを長期にわたって見逃してきたのか」に対して、「質問の意図がわからないので答えることが困難。そうならないよう万全の態勢を整えている」。信じがたい無責任な答弁を繰り返しています。

高橋　日本の原発でも事故が起こりうるというリスクを指摘されても、安部首相は全部はぐらかして回答している。こういうやり取りが２００６年、第一次安倍政権の時にあったのです。福島原発事故は民主党政権下で起こったので民主党の責任追及がなされますが、実は安倍首相にも大きな責任があるわけです。

――安倍首相は自分のことを棚に上げて、素知らぬ顔で他人の責任を追及する。

高橋　本当にそうですね。

もう一つは『東京新聞』２０１６年2月20日の記事です。見出しに、「原発事故　政府の力では皆様を守りきれません　首都圏避難で首相談話草案」とあります。３・11直後に首相官邸の中で作成された首相談話草案の中身が明らかになりました。民主党政権で官邸の情報発信担当の内閣官房参与だった劇作家の平田オリザさんが２０１１年３月20日に書いたものだというこことです。文部科学副大臣だった鈴木寛・元民主党参議院議員に依頼されて書いたのですが、結局、発表はされませんでした。草案全文が5年経ってようやく出てきました。この中に、「西日本に向かう列車などに妊娠中の方や乳幼児を連れた方を優先して乗車させて下さい」と出ています。つまり、東日本から西日本への民族大移動を余儀なくされるという話です。東日本の、首都圏を含めた3千万人から5千万人が避難しないといけない。最悪の場合そういう事故になりうるというシミュレーションを、官邸の中でもしていたし、第一原発の現場では吉田昌郎所長が「東日本壊滅」のイメージだったと言っているわけです。

――近藤プロジェクトの予測値では、首都圏からの避難者は最大３０００万人です。内閣府原子力委員会（ＡＥＣ）が菅直人首相に手渡した報告書は、原発の制御不能状態が連鎖的に広がった場合、東京を含め、福島第一原発の周囲２５０キロ圏について、自主的あるいは強制的な避難が必要になると警告していました。菅首相自身が後に「首都がだれも住めない場所になるという背筋が凍りつくような光景」という言葉を残しています。

高橋　2016年夏に上映された映画『太陽の蓋』（監督：佐藤太）は、菅内閣のメンバーを実名で登場させて、当時の官邸の様子を描いていましたね。福島の事故が首都壊滅にならなかったのは、いくつかの幸運が重なった結果だと思ったほうがいい。人口増減率マイナス100％は、福島県浜通り地方の4つの町だけでなく、東日本一帯がそうなったかもしれない。それほどの事故だったと考える必要があります。そうしないと、東京首都圏の人たちはまたぞろ他人事にして「風化」させてしまうでしょう。

「犠牲のシステム」とは何か

――それでは「犠牲のシステム論」の骨格をお願いします。

高橋　ええ。ある人々の利益が別の人々の犠牲の下にのみ成り立つ、それがシステムとして成り立っているなら、それを「犠牲のシステム」と呼ぶことができます。犠牲にされる人々の利益――これには多様なものがあって、日常生活、健康、財産、権利、あるいは生きる希望とか、生命そのものが犠牲になることもある。いずれにせよ、誰かの犠牲の上にのみ誰かが利益をあげるということがシステムとして成り立っているなら、それを「犠牲のシステム」と呼べるだろうということです。

　そう呼ぶことに何の意味があるかというと、私の理解では、誰かを犠牲にして誰かが利益を得るということは、まず人間として認められない。その点は、万人にとは言えないとしても、広く共有されうるだろうと思います。そしてそのうえで、そういうことは、たとえば日本国憲法においても認められていない。憲法13条には「すべて国民は、個人として尊重される。生命、自由及び幸福追求に対する国民の権利については、公共の福祉に反しない限り、立法その他の国政の上で、最大の尊重を必要とする。」と書かれています。また、憲法25条の生存権規定では「すべて国民は、健康で文化的な最低限度の生活を営む権利を有する。」とされています。誰かが誰かを犠牲にしながら、パーマネントに、システマティックにそこから利益をあげるということは、憲法上も認められないはずです。そういうことに対して「犠牲のシステム」と呼ぶことで、批判的な視点を定めたいと思うのです。

　もちろん、これ自体はごくごく一般的な言い方ですから、原発だけでなく他にもそういう

捉え方ができるものはあります。私自身、そもそもそういうことを考えたのは、日米安保体制が沖縄の犠牲の上に成り立ってきたことを考えたことからで、安保体制についてその言葉を使っていたのですけれど、3・11をきっかけにして、原発も同じではないかと思うようになったわけです。

――今おっしゃった定義を一般化していくと、資本主義経済そのものがそもそも犠牲のシステムだというところまで帰るように思います。

高橋　そう言ってもいいと思います。資本主義システムを批判的に見る場合には、そういう面を浮かび上がらせることができます。何も原発問題だけに限って使う概念ではありません。ですから、原発について考えるならばもっと議論を絞っていかなければいけないと思います。とりあえず私の本の中であげたのは、一つは、私たちが経験したように大事故のリスクが常に存在しているということです。一旦事故が起これば途方もない犠牲が生じるということ、そのリスク抜きに原発を動かすことはできない。言い換えれば、「安全」は神話にすぎない。

それから、原発は事故を起こさなくても犠牲を必要としている。一つは、原発を動かすために作業員の被ばく労働が不可欠です。川内原発でも伊方原発でも、原発を動かし始めればそういうことを定期的にやらないといけない。被ばく労働が必要になってくる。

——原発稼働には被ばく労働が伴う。

高橋　もう一つは、原発の中だけではなく、そもそもウランを採掘してそれを核燃料にして原発に使うまでの局面です。このプロセスの中でも被ばく労働は避けられない。ウラン採掘はもちろん原発のためだけに行われるのではなくて、核兵器もウランから作るわけです。例えばアメリカ、オーストラリア、カナダ、あるいはアフリカとか世界各地でグローバル企業がウラン採掘をする。それが先住民の土地だったりするわけです。それによって住む場所を奪われたり、被ばくの被害を受ける人がたくさんいます。この犠牲のシステムのもとでは、そういう声がなかなか表に出ない。原発作業員の被ばく労働が１９７０年代から指摘されていたにもかかわらず、なかなかメジャーなメディアで取り上げられなかったのと似ていると思います。日本でもウラン採掘をかつてやっていたことがあるのですが、やらなくなって……。

——人形峠ですね。

高橋　岡山県北部の人形峠でやっていたことがあるのですが、それをやらなくなると、核燃料は全部外国から来るわけですから、国内でその部分を見ることができないわけです。ちょうど「本土」にいると沖縄の基地が見えないのと似ていて、日本の中にいると見えないんです。でも、もとはそういうところから始まっています。

四つめには放射性廃棄物です。これによる被ばく問題です。リスクも含めて、これは次の世代、その次の世代、ずっとそういう人たちにつけを回すようなシステムになっています。後の世代の人たちを犠牲にしてしまうものとして原発は動くのであって、放射性廃棄物抜きの原発稼働というのはあり得ないわけです。

他にもあるかもしれませんが、少なくとも今言ったような犠牲抜きに原発を動かすことはできないとするならば、これは犠牲のシステムだろうということです。

――つまり、原発を稼働する前に、燃料を採掘し、精錬する過程で被ばくし、原発稼働時にも被ばくし、その後は、使用済み燃料の処分ができず、被ばくが永久化します。

隠される犠牲のシステム

――犠牲のシステムの下で被害を受けてきた人々の声がなかなか聞き取られないのはなぜでしょうか。

高橋　少なくとも戦後日本の憲法下では、誰かを犠牲にして誰かが利益を得るようなシステムは認められないはずなので、これが犠牲のシステムだということは表向きは隠されるわけです。だから原発立地自治体にたくさんの交付金を投入して、あたかもその地域が豊かになったかのように見せる。原発のリスクを引き受けるだけのメリットが引き受け側にもちゃんと与えられているのだからいいだろう、「犠牲」じゃないだろう、というわけです。原発立地自治体でもそのように理解している。雇用が増えた、若者が町にいてくれる、原発関連産業で町が潤った、とかですね。

これはとても印象的だったのでよく覚えているのですが、3・11の直後に、当時の佐藤雄平福島県知事が、福島県は首都圏へのエネルギー供給県として歴史的に大きな役割を担ってきた、日本を支えてきたのだということを是非わかってもらいたいと言っていました。「国策を支える」、「国を支える」というプライドを付与するということも、「犠牲」を見えなくする仕掛けの一つです。

福島原発は首都圏に電力を供給している。それは地元の人にとっては、自分たちは国策に奉仕しているのだというプライドを持つことになります。そういう精神的な部分も含めて、「これは犠牲ではない」という形を作られる。これは沖縄の米軍基地についてもある程度、言えると思います。

――犠牲を強いられる人たちに、犠牲と感じさせないようなやり方は当初から意図的に行われてきたのでしょうか。それとも、やっている側もそうではないと思いながら進めてきていたのでしょうか。政府、電力会社、財界も含めて、そのエネルギーを必要としてきた人たち。あるいは首都圏の住民も含めて、いかがでしょうか。

高橋　原発事故が起こった場合にコントロール不能になるという恐れ、そのリスクについては、専門家はみんな知っていたはずです。核分裂反応を利用して莫大なエネルギーを入手する、そのシステムを日本に導入・推進した政治家や官僚たちがどの程度それを理解していたかは怪しいですが、何しろ広島・長崎を経験した国ですから、常識的に事故が起こったら大変だということはみな感じていた。だからこそ、推進するためには「そんな事故は起こりません」と繰り返し唱える必要があった。唱えているうちに政治家も官僚も本気で信じるようになっていったのかもしれません。

――よく指摘されたのは、例えば東京電力は首都圏においては独占企業であったがゆえにコマーシャルを必要としないはずなのに、極度に多額の宣伝広告費を使っていた。それはなぜだったのか、その部分が今のテーマと絡むと思います。東電は、そういうリスクについて十分に認識していたがゆえに、安全性を強調して一点の疑念も抱かせないように懸命に努力をしてきた。

高橋　そうでしょうね。福島においてもそうだったですし、初期の頃に原発を導入した地域では、住民はやはり不安を覚えていた。だから安全かどうかを確認しようとした。結局は、電力会社も政府も大丈夫だと言っているんだから、ということになるのですが、それでも不安はどこかにずっと抱えてきたはずです。それを打ち消すために、大量の宣伝広告費を使って、一種の洗脳というか工作をしたのではないでしょうか。そのあたりの調査は、たとえば本間龍さんの『原発プロパガンダ』（岩波新書、２０１６年）などに結実していますね。

――元博報堂社員の本間龍はこれまでも『電通と原発報道』（亜紀書房、２０１２年）、『原発広告』

（亜紀書房、２０１３年）を出してきました。

高橋　電力会社がどのように「安全神話」の形成をしたのか。メディアや学校教育を通してですね。それがかなり明らかにされてきた。どこかに不安があるからこそ逆にそういうことを徹底的にやろうとしたのではないでしょうか。

――不安を意識させる要因が何度も大きく浮上した歴史があります。スリーマイル事故やチェルノブイリ事故の時がそうです。あるいは国内においては、小出裕章さんや今中哲二さんたち、いわゆる「熊取六人衆」、熊取の京都大学原子炉実験所の人たちを中心に、科学者の中で原発の危険性をアピールして各地の住民と一緒に訴訟を闘ってきました。そういう歴史も日本の中にしっかりあったわけですが、そのことが社会的な影響力を十分に持たなかった。そのことをどうご覧になられていますか。

高橋　それは何を念頭に置くかによって異なります。日本社会全体としてそういうリスクを薄々感じていたのに、表面化しなかった原因は多様に考えられます。前田さんは何を念頭に置いているのでしょうか。

――高橋さんと私は1950年代半ばの、「もはや戦後は終わった」と言われて以後の世代です。だいたい同じような歴史を共有しているわけです。原発で言うと、東海村のスタートの時にも、スリーマイル事故の時にも、私は原発の危険性についての認識を持っていませんでした。スリーマイル事故の時には20代半ばです。30歳の頃に、チェルノブイリ事故です。チェルノブイリ事故に衝撃を受けて、当時、高木仁三郎さんが活躍していましたので、高木さんの講演会に私は何度も行っていました。同じ時期に広瀬隆さんが颯爽と登場して、『東京に原発を！』（1986年）と訴えました。そんなに安全なら東京湾につくればいい、という見事な逆説でした。あるいは、甘蔗珠恵子《かんしゃたえこ》さんの『まだ、まにあうのなら』（1987年）というブックレットが原発の危険性を訴えて、ベストセラーになりました。そういう時期に、私自身何度も反原発の集会に行っていました。ところが、私は数年で忘れていく組の一人だったわけです。その後何も取り組みをしていないわけです。高橋さんはチェルノブイリ事故の記憶はいかがでしょうか。

高橋　事故の報道に接してこれは危ないなと思いながらも、どこかで、あれはソ連の話だからというのが正直なところでした。

――御用学者に騙されたわけですね。

高橋　そうですね。日本の原発はそういうことはないと、散々そういう反論がなされていました。

――その少し後に「ソ連のテレビが火を噴く」という話が日本で大々的に報道されたのを覚えています。ソ連製のテレビは突然火を噴いて燃え出すという話が、一時期、キャンペーン的に広まっていました。最近だと韓国製のスマートフォンになっていますが。

高橋　そんな話もあったんですね。覚えていません。

――１９８０年代半ばでしょうか、もちろん事実もあったのでしょうけど、それだけではないイデオロギー的なキャンペーンと重なりつつ、チェルノブイリの特殊性、ソ連の科学技術の特殊性をアピールして、日本では絶対にそんなことは起きないと断定する御用学者が多数いたわけです。

高橋　大規模事故が起こりうると言う人たちには、一部の妄想に取り付かれた特殊な人たちだと、そういうイメージ作りが行われていたような気がします。

司法は被害者を救済できるか

――2017年には前橋地裁、千葉地裁、福島地裁で原発事故被災者の訴訟に対する判決が出ました。前橋地裁判決と福島地裁判決は勝訴と言って良いかもしれませんが、被害者の訴えに十分に対応したと言えるかは疑問も示されています。他方、検察が不起訴にした東電幹部たちに対する検察審査会の起訴決定によって刑事裁判が始まりました。

高橋　3・11以前は、日本で原発裁判というと、国の立場を追認して原告の請求を棄却するものと相場がほぼ決まっていましたが、さすがに3・11以後は、眼前の被災者に対してそういうわけにもいかず、東電や国の責任を認めたり、賠償を認めたりする判決が出てきました。とりわけ「生業を返せ！地域を返せ！」と謳って原告約3800名に及ぶ全国最大規模の「生業訴訟」の一審勝訴は、とても勇気づけられるものでした。しかしそれでも、前田さんがおっしゃるように、原告被災者からすれば決して十分な結果だとは言えませんね。

刑事訴訟のほうは、武藤類子さんら福島原発告訴団の粘り強い活動が実って検察審査会による起訴にこぎつけました。世界史的とも言えるこの事故について、どこまで個人の責任を明確にできるのか。裁判所には、この重大な問いから逃げずに真正面から向き合ってほしいですね。強い関心をもって注視しています。

沖縄と福島——植民地主義

——反原発運動に対する誹謗中傷が組織的に行われ、それによって私たちも物事をきちんと見ることができなかった。そこで犠牲のシステム論に戻りますけど、犠牲のシステム論はいろんな局面に適用できるということを前提としつつ、高橋さんの場合には沖縄と福島について議論を展開されているわけです。ところで、この議論は沖縄と福島の違いを無視していないかという指摘があります。そのことについて応答をお願いします。

高橋　私の本を読んでもらえれば、違いを無視するどころか、違いも強調していることがお分かりいただけるはずです。両者はいろんな意味で明らかに違っています。両者が似ている点として、「犠牲のシステム」という構造を指摘したわけです。一方は戦後日本の経済を支える原発というエネルギー体制、他方は安全保障や軍事に関わる日米安保体制の問題ですが、後者の場合、沖縄は特別の位置にあるわけですね。米軍基地はもちろん本土にもありますが、沖縄には異常に突出して米軍基地が集中している。その意味で沖縄は特別です。原発の場合は、福島で起こったことは他でも起こったかもしれないわけで、結果として福島で起こっただけです。ですから、「沖縄」と「福島」を並べる時にすでに名前の意味が違う。

私の本で最も強調した違いは、沖縄の米軍基地は沖縄の人々の合意なしに暴力的に作られ、日米国家が後から条約で「法」の衣をかぶせたにすぎないけれど、福島をはじめとする原発は一応、立地自治体の誘致決議があって作られている。この違いは大きいということです。

ただ、指摘を受けた中で、「植民地主義」という言葉の使い方にはもっと慎重であるべきだったかもしれません。私が福島について「植民地主義的」な面を言ったのは、原発が電力を消費する都会、福島の場合は東京・首都圏ではなくて、そこから離れた人口過疎の地域に原発を置いて、その地域に最大のリスクを負わせつつ、そこから離れた都会で多数の人が利益を享受するという「中央と周辺」の関係性があるからです。他方、沖縄の場合、明らかに「琉球併合」以来の植民地支配の歴史があるわけです。１９７２年に沖縄が復帰してからは沖縄県という一つの県に戻ったとしても、米軍基地政策において日本政府の態度はヤマトに対する時と沖縄に対する時とでは違っています。

――沖縄や朝鮮半島に対する植民地支配や植民地主義と、福島に対する植民地主義との異同・関係が問題になります。「琉球併合」はこれまで「琉球処分」と呼ばれてきましたが、もともと琉球王国を潰して沖縄県を設置したので、韓国併合と同様に「併合」と呼ぶべきではないかと思います。その意味で、沖縄に対する植民地主義と朝鮮に対する植民地主義を類比的に語ることが可能ともいえます。これに対して、福島の場合はどうでしょうか。

高橋　沖縄との違いに加え、朝鮮植民地支配とは全然違うだろうとの指摘がありました。朝鮮や沖縄においては異民族に軍事的な強制併合をやって、名前を変えさせたり言葉を取り上げたりということをやった。こういうのが植民地支配の典型なんだから、福島に対する東京の関係をそう言ってしまうと、植民地支配を甘く見るといいますか、本質を見失わせてしまうのではないかという意見です。私も本の中で、福島は沖縄に対しては植民地主義的に支配する側だったし、沖縄は大日本帝国の一部としては朝鮮に対していわば植民者の側であったと書いています。当然そこは踏まえていたんです。そのうえで、ある種の共通性を指摘しているんです。

3・11の後、福島はある種「国内植民地」と見なせるのではないかという議論は、栗原彬さんら社会学者や人類学者の人たちが提起しています。国民国家批判論で著名な西川長夫さん（立命館大学名誉教授、故人）などは、植民地主義は国民国家そのものの形成原理だという認識を展開していました。『国民国家論の射程―あるいは「国民」という怪物について』（柏書房、1998年）や、『戦争の世紀を越えて―グローバル化時代の国家・歴史・民族』（平凡社、2002年）などですね。福島を含む東北が日本の中央権力に対しては「植民地」なのではないかという議論は戦前からあって、そうしたことも私の意識の中にはありました。

――『植民地主義の時代を生きて』（平凡社、2013年）が遺著となりました。

高橋　西川さんは、先進国の中でマジョリティのマイノリティに対する関係を「新植民地主義」と捉える議論にも注目していました。さらに言えば、ドイツの哲学者ユルゲン・ハーバーマスが現代社会の根本的な趨勢として「生活世界の植民地化」を議論してきたのはよく知られています。そういうことも意識しながら、私としては、むしろ日本国家の植民地主義がいかに根深いものであるかを強調したいがために、福島、沖縄、台湾・朝鮮などを含めて「植民地主義」を語ったわけです。

ただ、そうすると、異民族に対する強制併合を前提とした朝鮮植民地支配のようなものの過酷さが、日本人マジョリティにとってはわからなくなってしまうのではないかという批判を受けました。そういう面があるとすれば、福島についてはこの言葉は使わないほうがいいのかもしれません。

――植民地主義概念がいろんなレベルで多様な使われ方をしているがゆえに、高橋さんのような使い方をするとさらに広がってくるという懸念が指摘されていると思います。近代国民国家が登場してそれが実体として帝国主義に再編成されると、その下で起きた植民地主義を典型的な近代の植民地主義と考えた時に、福島に対する国内植民地化という喩えで言われているところは、違うと言われることになります。

しかし、社会学的に見れば、国民国家を主体とするとは限らない、民族が主体であったり、地域が主体であったり、政策決定エリートが主体であったり、様々な人々が他者との関係をいかに取り結ぶかという観点で、そこに植民地主義的な関係の取り結び方がある。そこを意識されておっしゃっているとすると、それはよくわかります。その違いをどのように際立たせるのか、あるいは違いを認めるならば別の言葉で表現したほうがよくないかというのは、議論としてありうると思うんですが。

高橋　ありうると思いますね。帝国の植民地についても、たとえば「大日本帝国」の歴史の中で、北海道と沖縄、これは「内国植民地」という言い方で、それ以外の植民地と区別してきた歴史があります。実際、欧米の植民地主義にしても必ずしも一色ではありません。やはり共通性と差異がある。

——北海道や沖縄はむしろ典型的な植民地ではないかと思います。何と比較するかによって、内国植民地と見る理解も成り立つかもしれません。2015年のスコットランド独立をめぐる住民投票の中で、独立運動する人たちはスコットランドは植民地化されたのだと言っていました。そういう批判をして独立を掲げた人たちもいます。私たちから見ればイギリスは一つの国だけれども、歴史的に見るとスコットランドにしても北アイルランドにしても、イングランドに植民地化されたと見える。おそらくフランスも同じだと思いますが、アルジェリアやマダガスカルがフランスの植民地だったこととは別に、フランスの中でパリに植民地にされた地域もあります。我々の言葉が失われたと主張する人は、今でもフランスにいますよね。ローカルの言語を復活するという。

高橋　南フランスがそうですし、ブルターニュとか、バスクもそうです。バスクはスペインとまたがっていますね。そういう議論を学問的にやろうとすると、当然、複雑な議論になっていきます。区別や差異に注目する時には、福島の問題を植民地主義という言葉で語ることは避けたほうがよいかもしれません。一方で、いわゆる「中心と周縁」という関係の典型であることも否定できないと思うのです。

――フランス在住のコリン小林(ジャーナリスト、著述家)の『国際原子力ロビーの犯罪――チェルノブイリから福島へ』(以文社、2013年)があります。フランスはまさに国際原子力ロビーの拠点ですが、いわば「原子力帝国」という観点――国民国家ではない現代世界におけるフランスやアメリカを先頭にする原子力帝国の支配という観点で見ると、高橋さんがおっしゃった「中心と周縁」とは別に、世界資本主義システムの中の「中心と周縁」、それに原子力帝国が乗っかって支配をしている。その一局面が日本の中ではこういう形態で現れているという見方はいかがでしょうか。

高橋　それは十分あるでしょう。『フクシマ以後の思想をもとめて――日韓の原発・基地・歴史を歩く』(平凡社、2014年)の中でも、東アジアでの原発の問題を取り上げています。
原発推進勢力というのは国民国家、主権国家ごとに利害が競合している場合もありますが、反原発運動に対しては共通の利害を持っているわけで、連携して福島原発事故にどう対処するか。これはアメリカやフランスの原発産業にとっても国家にとっても大問題であるわけです。福島を大事故にしてしまえば、アメリカやフランスでも反原発の機運が高まる可能性があるので、これをなんとか押さえ込まないといけない。だから日本政府に協力しますよ、ということになる。事故直後からずいぶん日本に来ていましたよね。「原子力帝国」すなわち原発推進勢力のグローバルなネットワーク、利益共同体というのは明らかに存在しますね。

同時にまた、日本と韓国とか、日本と中国とか、東アジアの中でも競合する面もあると思います。福島事故が起こって日本の原発の信用が落ちた。今がチャンスだと言ったのが韓国の前々大統領です。そういう意味で競合する面もありながら、反原発運動に対しては共通の利害を持って、連携して原発を守ろうとしている。そういう構造になっている。

「奪われた野にも春は来るか」

――『フクシマ以後の思想をもとめて』は、徐京植《ソ・キョンシク》さん、高橋哲哉さん、韓洪九《ハン・ホング》さんの三人の著書です。在日朝鮮人の徐京植さん、日本人の高橋哲哉さん、韓国人の韓洪九さん。この三人が福島・陜川・済州・沖縄を訪ねて座談を繰り広げた著作です。三人の方が翻訳者として名前が載っていますので、六人の東アジア知識人の対話と言っても良いかもしれません。これは大変重要な本なので、みなさんにお勧めです。この本のことを全部お話しいただくわけにはいかないので、ほんの一部に絞って、今思い出されるところ、エピソードで結構ですので、ご紹介頂けるでしょうか。

高橋　徐京植さんと私は1990年代中頃に出会って、対談本を一冊出しています。

――『断絶の世紀　証言の時代――戦争の記憶をめぐる対話』（岩波書店、2000年）ですね。

高橋　ええ。それ以来、徐さんは私にとって対話の相手としてかけがえのない存在です。日本と韓国、朝鮮半島、東アジア、そして世界の問題を考えるのに、私がずっと座標軸としてきた方です。韓洪九さんという韓国の歴史家とも3・11の前から交流がありましたが、3・11の後しばらくして鄭周河《チョンジュハ》さんという写真家、韓国の原発風景などを撮って問題提起をしていた写真家の方が、福島を見たい、原発事故後の写真を撮りたいとおっしゃって、韓洪九さんと一緒に来日されることになったのです。徐京植さんが話を受けられて、私にも福島出身だから一緒に来ないかとお誘いがありました。そこで、徐京植さん、韓洪九さん、私と鄭周河さんも一緒に、まず福島の飯館村に入ったんです。２０１１年の11月でした。

――表紙に使われている写真も鄭周河さんのものですね。

高橋　はい。韓国の原発の写真です。

――遠くに見えるのが原発で、手前が海水浴場ですね。

高橋　日本でも同じような写真がありますね。高浜でしたか。

――若狭湾の海岸ですね。冒頭に聞いてもらった「サマータイム・ブルース」という歌で、忌野清志郎も「人気のないところで泳いだら、原子力発電所が建っていた、さっぱりわかんねえ何のため」と歌っています。

高橋　鄭周河さんは３・11の前からそういう問題意識を持っていて、原発だけではなく、精神病院の写真集等を出してきた方です。その方が来日して福島に同行し、写真を撮って帰られたんです。しばらくしてから、陜川《ハプチョン》という韓国の地方都市の方から私に招待が来ました。陜川は知る人ぞ知る、「韓国のヒロシマ」と呼ばれてきたところです。もちろん陜川に原爆が投下されたわけではない。広島・長崎に原爆が投下された時に朝鮮半島から広島・長崎に来ていた人たちがたくさんいて、被爆した人が何万人もいるわけです。日本の敗戦後、韓国に戻ったそうした人びとの多くが陜川の出身だったのです。陜川に戻られて、ずっと陜川で過ごしてこられた。いわゆる原爆症その他の後遺症に苦しみながら、そしてまた被爆二世の問題も抱えながら、そこでひっそりと生きてこられた。ご存知のように、韓国・朝鮮人の被爆者に対して日本政府は何もしてこなかったわけですけれど、そういう中で陜川が「韓国のヒロシマ」と言われるようになり、やがて自分たちの被爆者としての権利を主張する運動が生まれ、展開されてきたんです。

——その陜川で反核集会が開かれた。

高橋　私に、反核集会を陜川で行なうので来てくれというお話でした。「反核」というのは、核兵器だけでなく原発つまり「核発電所」の存在にも同時に反対のアピールをするための集会にしたい、というのです。チェルノブイリの被ばく者、ビキニ水爆実験が行われたマーシャル諸島の被爆者、広島・長崎の被爆者も来るし、福島からも来るから、と。実際、福島からは武藤類子さんがいらっしゃいました。私は拙い基調講演をさせていただいたのですが、3・11の直後に、韓国の方から招かれて、核兵器と原発の問題を一緒にして、陜川から世界に反対のアピールを出そうと呼びかけられた。これはとても印象的な、ある意味ではショッキングな出来事でした。本当ならば、まずは日本から、福島から発信すべきことを、放射能汚染を被った韓国の側が発信しようと日本に呼びかけてくれたわけですから。

そのことだけでも非常に印象的だったのですが、その陜川からの帰りにソウルの平和博物館にお邪魔しました。韓洪九さんが主催しておられる小さな博物館です。そしてそこで私は鄭周河さんが福島で撮った写真を初めて見たのです。そして驚いた。それは「奪われた野にも春は来るか」というタイトルの写真展だったのです。

――朝鮮の詩人、李相和《イサンファ》（1901～1943年）という詩人の有名な詩のフレーズですね。

高橋　詩人もこの詩も韓国ではよく知られています。「奪われた野にも春は来るか」の「奪われた野」とは何かと言えば、日本の植民地支配で奪われた朝鮮半島の大地のことです。とてもうららかで美しい田園風景を詠んでいるのですが、最後のところで実はこれは「奪われた野」なのだとわかる。そこに春が来るのかどうか、厳しい冬が終わって再び喜びの季節を迎えることができるのかどうか、という問いかけをしているわけですね。韓国では教科書にも乗るくらいの有名な詩です。

――李相和は1923年に日本に来て、関東大震災時の朝鮮人虐殺を目撃しています。

高橋　福島の写真展に、まさにその詩人のこの詩のタイトルをつけたのです。この写真展、驚いたことに被災者の方、福島の人はほとんど出てこない。人がいない福島の景色なんです。南相馬の海岸線とか、飯館村とか、中通り地方の丘の上から見た市街地とか、雪があったりなかったり。飯館村の近くに霊山という山がありますが、ここの紅葉の頃の錦秋の美しさに溢れた、とても美しい風景もある。私の第一印象は、困ったことに、懐かしい、美しい。何しろ子どもの頃から親しんできた故郷の景色ですから。美しい懐かしい故郷の景色なんです。そういう写真を鄭周河さんは福島の3・11の写真として展示した。その展示のタイトルが「奪われた野にも春は来るか」ですから、困惑したのです。

――福島の情景を撮影した韓国人写真家が「奪われた野にも春は来るか」を想起した。

高橋　意外なことにここでは、鄭周河さんという写真家と韓洪九さんという歴史家の二人が、韓国側から福島の事故を、日本による朝鮮植民地支配と繋げて問題提起をしたわけです。韓国の人に対しては、自分たちの土地が奪われてしまった、いつそこに春が来るかわからない。自然の春は毎年来るけど朝鮮民族の春はいつ来るのかわからないという状況から、韓国の人は想像力を働かせて福島の状況を思ってくださいと。

福島の方は原発事故に大地を奪われて、そこに春が来るかどうかわからない。自然の春は来るけれど、そこは人が住める場所ではなくなってしまって、元に戻るかどうかわからない。奪われた野はいつ戻るのかという詩の問いかけを共有しつつ、日本人には植民地支配下の朝鮮を、韓国の人たちには原発事故下の福島を想像してほしい、というものです。

こういう問題提起が韓国のほうから来たことに、もちろんびっくりしました。まさに朝鮮植民地支配と福島の原発事故を結びつけているわけですが、それが韓国のほうから来たということ。この想像力をさらに押し広げてみると、「奪われた野にも春は来るか」という問いは沖縄にもぴったり当てはまるわけです。沖縄の人たちの土地は沖縄戦以来、米国に占領されて今日まで来ているわけです。そこに明治以来の日本の植民地主義も重なっている。返してほしいとずっと言っているんだけれど、返してもらえない。まさに「奪われた野」なのです。ここにはある種、福島、沖縄、朝鮮の共通性なり連続性なりを見ることもできるかもしれません。こんなふうに繋げて考えることで、自分たちの経験から他者の苦難にも思いを馳せる。そのきっかけにするべきだという問題提起だと思いました。そういうことがあって、『フクシマ以後の思想をもとめて』という本に最終的には結実しました。

——以前高橋さんが研究されていた共感共苦と同じ問題ですか。

高橋——「研究」というと大袈裟ですが、以前、徐京植さんたちと開いた対話集会のテーマに「共感共苦」を選んだこともありましたね。コンパッションという、パッションを共にするということ。パッションは情熱なんて訳されますけど、パッシブルと同じ語源で「被ること」なんです。この場合には苦しみを被ること、「受難」であって、それにコン（＝ともに）がつくわけですから、他者の苦しみをどれだけ共感し想像することができるか。私たちは概してそれに対して無関心だったりするわけです。沖縄で今起こっていることについても、ヤマトのほうでは基本的に無関心で、それが今日に至っている大きな原因の一つだと思います。そういう意味で、私たちはどこまで他者の苦しみをコンパッションできるのかが問われている。そういう問題意識です。

――沖縄・高江における大阪府警機動隊員の暴言、差別発言がありました。沖縄の人に向かって「土人」「シナ人」と吐き捨てた。あの発言に対する沖縄の人々の怒りを共感共苦できるのか、できないのか。

高橋　まさにその通りで、大阪府警の機動隊員の青年が「この土人が」と言い、別の機動隊員が「シナ人」と呼んだ。この二つは詳しく考えると少し違う意味を持っていると思いますが、この「土人」発言が今非常に強い反発を引き起こしている。この反発の意味は沖縄の歴史、とくに日本、ヤマトとの関係の歴史を知らなければわかりません。「土人」と言われたら嫌だろうという感覚は広く共有されうるかもしれませんが、なぜ沖縄の人たちにとって、一人の機動隊員が高江へリパッドの工事現場で反対運動をしている人に「土人」と言ったことが沖縄県民全体に対する侮蔑と感じられるのか。県知事が抗議して警察庁長官が謝罪せざるをえない状況になったのか。沖縄の歴史を知る人ならば直感的に理解できます。「土人」というのはまさに植民者が被植民者を呼んできた呼称です。ご存知のように北海道旧土人保護法という法律がかつてありました。

――1899年に制定されて、1997年のアイヌ文化保護法制定に伴って廃止されました。つまり、1997年までアイヌ民族は「土人、旧土人」と呼ばれていた。法律上、「土人」と呼ばれていたわけです。

高橋　沖縄について言いますと、20世紀の初めに、いわゆる人類館事件がありました。

――1903年の大阪の内国勧業博覧会ですね。

高橋　第5回内国勧業博覧会で、当時日本人が「土人」とみなしていた人々、周辺異民族の人々を見世物として「展示」した。「七種の土人」と言われて、沖縄、アイヌ、台湾の原住民、朝鮮、「支那」、インド、ジャワの人たちです。もの珍しい「土人」たちとして日本人の好奇の眼差しに晒された人びとの中に、沖縄の女性も2人入っていたのです。これは当時、大きな議論になったんですけれども、今でも演劇などで繰り返し上映されています。

――演劇集団「創造」の『人類館』（作・知念正真、演出・幸喜良秀）です。残念ながら私は観ていません。

高橋　沖縄の人が「土人」と呼ばれたら、この事件を思い出す人が沖縄では少なくないはずです。自分たちは「土人」とみなされている。植民地支配者が自分たちを「遅れた野蛮な未開人」だと見下している。そういう感覚です。

私たちはどこにいるのか

――『琉球新報』によると、土人と直接言われたのは、『水滴』で芥川賞、『魂込め』で川端康成賞を受賞した作家の目取真俊だそうです。最初、「老人」と言われたと思ってムカっとしたようですが、実は土人と言われていた。本当に許せないということに気づいたということが琉球新報に載っていました。

さて、時間がかなり迫ってきました。福島原発だけではなく、今日の国際政治も日本の政治も、どこまで転落していくのかと言わざるを得ないような惨憺たる状況になっています。その中で世界中、様々な人々が自由や権利や希望を求めて、いろんな形で闘っていますが、なかなかそういう闘いが同じ戦線を組むことも難しい。そういう状況の中で、私たちは今どこにいるんだろうと考えざるをえません。

高橋　現状を一言で言うなら、私たちは今「カオス」の中にいる、と表現したいですね。混沌の中にいる。しばらく前に作家の辺見庸さんと『流砂の中で』（河出書房新社、２０１５年）という対談本を出しました。「流砂の中で」という書名は辺見さんの提案によるのですが、流砂というのは自分の足下が流砂のように崩れていく感覚。どこにも確固とした足場を得られないという感覚です。先ほども話したような冷戦終結後の世界情勢、とくに東アジアはまだ冷戦構造が完全になくなったとは言えないのですけれども、それでもその後、中国の台頭やさまざまな変化があって、かつてとはまったく違う状況になっています。２０１６年10月には、中国の習近平首相とフィリピンのドゥテルテ大統領が会談しました。

——妙な形で握手していましたね。

高橋　南シナ海問題でも、かつては考えられなかった状況になっています。これは一例にすぎませんが、ドゥテルテ大統領は大変な存在ですね。アメリカではトランプ氏が大統領選であれだけの支持を得ています。ヨーロッパもＥＵが希望であった時期がありました。国民国家を超えて大きく戦争のない地域を作っていくという意味では希望だった時期があったのですが、Ｅ

Uが肥大化し官僚化していく中で、イギリスの離脱が起こり、これからどうなるか見通しがつかない。そういう意味で、本当に世界が混沌としてきた。中東は混沌の極みですけど、世界全体が混沌としている。その中でこれまで依拠してきた基準、規範というものも怪しくなってきた。戦後日本国憲法下でも戦前の帝国に繋がるような人たちが日本の統治権力を握ってきた中で、それに対して批判的であろうとした流れがありました。一言で革新勢力と言うとすれば、これがもはや形を失って液状化している。政権への対抗勢力がなくなっている。ですから、何か希望に満ちたことを言いたいんですけど、言えない。そういうことを含めて、全体が混沌としているのが今だと感じています。

ありがとうございます。斉藤和義の歌「ずっと嘘だった」を聞いて終わりにします。ヒット曲「ずっと好きだった」の替え歌で、「この国を歩けば、原発が54基　教科書もCMも言ってたよ、安全です」と始まり、「ずっとウソだったんだぜ　やっぱ、ばれてしまったな　ホント、ウソだったんだぜ　原子力は安全です」と訴えています。

◎コラム1　原発民衆法廷

1　はじめに

3・11福島原発事故を受けて、原発民衆法廷（原発を問う民衆法廷）が開催されました。

3・11は、原発事故の刑事・民事責任、原発被災者支援、避難者の避難の権利、原発政策の転換の必要性、原発再稼働阻止、使用済み核燃料問題など実に多くの課題を突きつけました。

しかし、日本政府と東京電力は、事故の影響をできるだけ小さなものにしようと努力し、情報公開を拒否し、責任逃れに終始しました。原発事故の責任をあいまいにするために資料を隠蔽し、被災者の苦境に乗じて最低限の補償や支援でお茶を濁し、自主避難者を切り捨てる棄民政策を続けています。他方、事故原因の解明も再発防止措置もないままに、各地で原発再稼働を強行してきました。

いまだに把握しきれないほど膨大な被害結果を生じたにもかかわらず、原発事故の法的責任の解明が遅々として進みませんでした。

原発民衆法廷は、そうした状況に危機感を持った市民の活動の一つとして企画、実施されました。

2　民衆法廷とは

民衆法廷はヴェトナム戦争におけるアメリカの戦争犯罪を裁く民衆法廷（1967年）に始まりました。哲学者バートランド・ラッセルが呼びかけ、ジャン・ポール・サルトルが裁判長となったので、ラッセル法廷、ラッセル・サルトル法廷と呼ばれます。

その後も、アメリカのイラク戦争（湾岸戦争）に際して元司法長官ラムゼー・クラークが呼びかけて実施したクラーク法廷（1992年）が開催されました。

また、日本軍性奴隷制度についてジャーナリストの松井やよりが呼びかけて、日本とアジアの女性たちを中心に女性国際戦犯法廷（2000〜01年）が開かれました。

21世紀に入ると、9・11の後に行われたアフガニスタン戦争・イラク戦争について、アフガニスタン国際戦犯民衆法廷（2003〜04年）、イラク国際戦犯民衆法廷（2004〜05年）

が開かれました。

その後も世界各地の紛争や重大虐殺事件などを裁くための民衆法廷が続けられてきました。民衆法廷は、国家が行う権力法廷と異なって、警察、検察、刑務所などの実力装置を持っていません。強制捜査も刑罰の執行もできません。

それでも民衆法廷が続いてきたのは、権力による犯罪を権力法廷が裁かないからです。権力法廷は権力者の犯罪を闇に葬るだけでなく、権力犯罪を告発する被害者を犯罪者に仕立てて抹殺したり社会から排除したりします。

これに対して、正義と真実を求める民衆が自らの手で真相解明、法的責任を追及し、被害者救済を求めて闘ってきたのが民衆法廷の歴史です。

3　原発民衆法廷の特徴

原発民衆法廷は、それまでの民衆法廷に学びつつ、さらに独自性を追及しました。

第1に複合法廷です。ラッセル法廷以後の民衆法廷は、基本的には戦争犯罪や人道に対する犯罪を裁くための、刑事法廷でした。被害者救済を求めるために民事法廷を伴うこともありますが、基本は刑事法廷です。

これに対して、原発民衆法廷は複合的な性格をもちました。原発事故に関する刑事責任はもとより、避難や補償などの諸問題を民事・行政的に解明し、東京電力及び日本政府の原発導入政策の問題など、幅広い問題を取り上げました。さらに原発の憲法適合性を問うこと、人道に対する罪の観点から原発と人類の共存という問題を根底から問い直すこともしました。原発民衆法廷は複合法廷のモデルを作り出そうとしました。

第2の特徴は、巡回法廷です。原発民衆法廷規程第10条は「裁判部は巡回法廷を行うことと し、必要に応じて各地で公判を開催する」としました。ラッセル法廷は、ストックホルムとコペンハーゲンで開催されました。女性国際戦犯法廷は、東京法廷とハーグ（オランダ）最終判決公判が開催されました。アフガニスタン国際戦犯民衆法廷は東京で、イラク国際戦犯民衆法廷は京都と東京で行われました。アフガン法廷・イラク法廷は、各地で公聴会を開催しましたが、法廷は東京や京都に限られました。

これに対して、原発民衆法廷は日本各地で法廷を開催しました。東京、大阪、札幌、郡山、福島、四日市、広島、熊本など各地を巡回しました。巡回法廷としての民衆法廷のモデルをつくり出しました。

4　原発民衆法廷の構成

全体の検事団長は河合弘之（弁護士）、事務局長は田部知江子（弁護士）が勤めました。検事団は各地の公判ごとに編成され、他にも多数の弁護士及び市民が検事を務め、証拠の提出や主張を整理しました。

原発民衆法廷は複合法廷でしたが、いずれにしても被告（民事）・被告人（刑事）は出廷しませんでした。そこで、被告・被告人側の主張を法廷に反映させるために、先行する民衆法廷と同様にアミカス・キュリエ（法廷の友）を採用しました。アミカス・キュリエとはローマ法以来の伝統で、特に英米法において活用されてきた専門家です。重大な法律上の争点について裁判所に助言をする役割です。民衆法廷では、被告・被告人側の主張を整理・展開しました。

判事団は、鵜飼哲（一橋大学教授）、岡野八代（同志社大学教授）、田中利幸（広島市立大学広島平和研究所教授）、前田朗（東京造形大学教授）です。

多くの民衆法廷は、アメリカや日本の国際的な戦争犯罪を取り上げたので、国際法廷となりました。判事も内外の研究者や弁護士から選任しました。原発民衆法廷は日本の原発政策を問い、福島原発事故の責任を追及するという主要な目的のため、国際法廷ではなく、判事団は国内で編成されました。

5　原発民衆法廷の判決

原発民衆法廷は複合法廷、巡回法廷として構成されましたので、法廷のたびごとにいくつもの決定を下してきました。そして、最終法廷において、それまでの全決定と最終法廷決定を積み上げて「判決」としました。

例えば、第1回法廷では決定第1号を採択しました。決定第1号は「民衆法廷とは何であり、なぜ、何を裁くのか——本法廷の性格と任務」と題して、法廷の基本姿勢を示しました。最後の段落を引用しておきましょう。

原発民衆法廷第1回公判での高橋証人（2012年2月25日）

「民衆法廷において『裁く』とは、問題の真の所在を明らかにすることであり、当事者・関係者と徹底した対話を試みることである。ひいては法廷そのものが民衆によって裁かれることでもある。本法廷の判事自身が原発による電力を享受し、受益してきた市民である。それゆえ、原発を根底的に問い直すという場合、単に日本政府や東京電力の作為・不作為を問うだけではなく、長期にわたる原発政策にもかかわらず、これに異議申し立てを十分に行ってこなかった市民自身が自らを問うことも必須の課題となる。

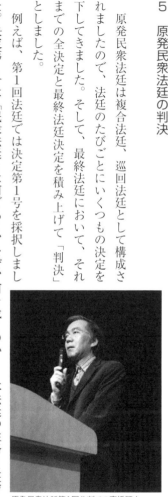

民衆法廷において、裁くとは裁かれることである。」

第2回法廷以後、大阪、郡山、四日市、広島、熊本、札幌、福島などでの法廷を開催し、原発問題に多角的に光を当てました。最後に東京での第10回法廷で、原発民衆法廷の最終判決をまとめあげました。

〈参考文献〉

原発民衆法廷実行委員会編『原発民衆法廷①〜④』（三一書房、2012年）

前田朗『民衆法廷入門』（耕文社、2007年）

◎資料　原発民衆法廷判決（原子力発電所を問う民衆法廷・判決　2013年7月21日）

第1部　当法廷がこれまでに言渡した決定第1号〜第10号（略）

第2部　第10回公判における訴状「請求の趣旨」に対する判断及び勧告

第3部　各判事の個別意見（略）

『原発民衆法廷①』（三一書房）

第2部　訴状「請求の趣旨」に対する判断及び勧告

1．日本政府は、原子力発電所が人類及び自然生態系に与える影響を最新の科学的知見に基づいて徹底的に解明し、哲学・倫理学・法学など総合的な観点から再検討し、原子力発電所の全面廃止に向けた政策を策定せよ。

2．日本政府は、原発廃炉に向けて必要なあらゆる科学的知見を総動員し、原発廃炉のための政策とプロセスを確立し、内外に明らかにせよ。

3．日本政府は、原発の全面廃止を実現するために必要な措置を採るように、国際社会に働きかけるとともに、脱原発を求めて研究・提言・活動してきた研究者やNGOの協力を得て、原発禁止条約草案を策定し、国連総会に原発禁止条約の採択を提案せよ。

4．日本政府は、原発禁止条約を率先して批准するとともに、国連加盟各国及び台湾に対して条約を批准するように働きかけよ。

5．日本政府は、国連人権理事会に、「原子力発電所事故と人権に関する研究」を提案し、日本政府が保有する全資料を国連人権理事会に提出せよ。日本政府は、原発を保有する全電力会社に関連資料を提出させよ。

6．日本政府は、国連人権理事会に、「原子力発電所事故と人権に関する特別報告者」制度を設置するよう働きかけよ。また、「原子力発電所事故と人権に関する特別報告者」に任命されるべき候補者として、例えば当法廷で原告代理人として活動している河合弘之氏などのような専門家を、国連人権理事会に推薦せよ。

7．世界保健機構（WHO）は、最新の科学的知見に基づいて人為的放射能被ばく線量に関する基準を制定し、国際原子力機関（IAEA）との間に交わした1959年覚書を破棄し、予防原則に立つ医療支援、包括支援を確立せよ。

8．国連人権高等弁務官（HCHR）は、最新の科学的知見に基づいて人為的放射能被ばく線量に関する専門家セミナーを世界の各地域において開催し、科学水準の向上、科学的知見の普及に努めよ。

9．国際労働機関（ILO）は、原発廃炉に向けた被ばく労働に関する安全基準、保護措置を明確化せよ。

10．国連人権高等弁務官は、全世界の核燃料採掘地、核燃料製造工場、核燃料輸送、原発、実験炉、核燃料再処理工場、使用済み核燃料保管場などにおける労働者の被ばくと人権に関する専門家セミナーを世界の各地において開催し、科学水準の向上、人権保障のために必要な措置、それに関する科学的知見の普及に努めよ。

11．非原発保有諸国は、国連人権理事会で作成・検討中の「国連平和への権利に関する宣言草案」に脱原発条項、「原発のない世界で生きる権利」条項を追加するよう提案せよ。

12. 非原発保有諸国は、ラテン・アメリカ非核地帯条約、南太平洋非核地帯条約など非核地帯条約に非原発地帯条項を追加するよう努力せよ。

13. 日本、韓国、中国、台湾各政府は、国内に保有するすべての原発の廃炉プロセスを開始し、将来、東アジア非原発地帯条約、及び、非原発条項を含む東アジア非核地帯条約の締結を目指せ。

14. 非原発保有諸国は、原発の過酷事故が発生した際の重大な生命・身体及び環境に対する影響の国際人権法的評価、とりわけ原発の人道に対する罪の成立可能性に関する国際人道法的評価について検討することを、国際司法裁判所（ＩＣＪ）に要請する決議を国連総会で採択するよう努力せよ。

15. 国際原子力機関（ＩＡＥＡ）は、これまでの経済効率優先の姿勢を反省し、原子力発電所は過酷な人権侵害を引き起こし、「平和」利用は存在しないことを認め、核廃絶及び原子力発電所の廃絶を射程に入れて、組織改革を行え。

16. 非原発保有諸国は、国際原子力機関を、すべての原発廃炉に至るまでの廃炉労働の安全性を確保し、すべての核燃料関連工程に関する被ばく労働と人権に関して必要な措置を講じる国際機関に改革するよう努力せよ。

17．国連教育科学文化機関（ＵＮＥＳＣＯ）は、教育と科学と文化の本来のあり方に立ち返り、原発がとりわけ子どもが教育を受ける権利に対して与える影響を再評価せよ。

18．１９４９年ジュネーヴ諸条約及び１９７７年の２つの選択議定書の当事国は、ジュネーヴ諸条約に核兵器等大量破壊兵器禁止条項を追加する第３の議定書を策定せよ。

19．国連加盟各国は、国連人権理事会で検討中の「国連平和への権利に関する宣言草案」に明記されている大量破壊兵器の廃絶条項を最終宣言に含むよう努力せよ。

20．日本政府は、国連人権理事会において「平和への権利国連宣言」に反対投票してきた従来の姿勢を改めて、平和への権利国連宣言採択に協力せよ。

21．国連加盟各国は、国連総会において、「核のない世界で生きる権利」決議、すなわち「核兵器も原発もない世界で生きる権利」決議を採択するように努力せよ。

22．国連加盟各国は、原発禁止条項を有するオーストリア憲法に倣って、自国の憲法に原発禁止条項を盛り込むことを検討せよ。その際、原発が平和主義と平和への権利に違反すると

判断したコスタリカ憲法裁判所判決を参照せよ。

23. 国連加盟各国は、国連総会において、核兵器廃絶条約及び原発禁止条約を採択するためにあらゆる努力を続けよ。

24. 平和、人権、環境を求めて活動してきた研究者、NGO、ジャーナリストは、以上の23項目の勧告を一歩でも進めるために、国際的なネットワークを形成して、相互尊重と連帯の精神をもって活動せよ。

25. 原発民衆法廷関係者、すなわち呼びかけ人、実行委員会、申立人、代理人、アミカス・キュリエ、証人、公判参加者・傍聴者、取材したジャーナリストは、本判決を社会に普及し、脱原発運動を発展させるために努力せよ。

26. 原発民衆法廷関係者は、脱原発運動関係者と協力して、それぞれの居住地域における住民主権の実現を図り、とりわけ脱原発条例を制定するために、地方自治体、地方議会に働きかけよ。

27. 原発民衆法廷関係者は、当法廷の全活動を継承し、次のステップに進むために議論の輪を広げるために、あらゆる努力をせよ。

28. 原発民衆法廷関係者は、ウクライナ、オーストラリア、台湾、韓国を含む全世界の科学者、NGO、ジャーナリスト等の協力を得て、原発を問う世界民衆法廷を開催するための国際的議論を高めるよう努力せよ。

◎コラム2　避難の権利

1　はじめに

日本政府は、２０１７年３月いっぱいで福島からの自主避難者への支援を打ち切りました。これにより原発事故によって福島県内の「避難指示区域」以外から他の都県に逃れてきた「自主避難者」への住宅の無償提供が打ち切りとなりました。４月以降、それまでの住宅から立ち退きを求められたり、新たに高額の家賃を支払う必要が生じて、自主避難者たちの生活に大きな負担がかかっています。

福島県によると、県内外の自主避難者は約１万２０００世帯、約３万２０００人に上ります。県では２０１７年１月以降、一定の所得以下の世帯に対して、みなし仮設住宅から転居して新たに賃貸住宅で暮らす際の補助金を支給しています。ただ、それは２０１９年３月末までの２年ほどに限られます。しかも、対象は約２０００世帯にとどまります。

日本政府と福島県が自主避難者支援を打ち切り、縮小したのは、２０２０年の東京オリンピックに向けて、原発事故の収束と「復興」を国際社会に宣伝するためだと考えられます。

もともと、日本政府の「避難指示区域」の設定には適切な根拠がなく、二転三転しました。飯館村のように放射能汚染の甚だしい地域に対しても長期にわたって避難の必要なしとして、住民に被ばくを強制したことに代表されるように、住民の安全を第一に考える姿勢が全くありません。政府や東京電力の責任をできるだけ小さくするために、「避難指示区域」の設定すらも操作された疑いが極めて強いのです。

ついには、「避難指示区域」以外の自主避難者が勝手に避難しているかのように宣伝し、「自己責任」を振り回すようになりました。２０１７年４月の今村雅弘復興相の暴言は記憶に新しいところです。

2　避難の権利の法律論

３・11から１カ月もたたない２０１１年４月５日、ＮＧＯのヒューマン・ライツ・ナウがいちはやく「東日本大地震に関連する被災者・周辺住民の権利保護のために」という声明を発しました。

その後多くの声明や文書が公表され、内容が充実していきましたが、基本的な方向性を示すという点でヒューマン・ライツ・ナウの提言は非常に重要でした。

声明は冒頭に「一般原則」を掲げて次のように述べています。

「すべての被災者の方々は、憲法、国内法、および日本が批准した国際人権条約（自由権規約、社会権規約、女性差別撤廃条約、子どもの権利条約、拷問禁止条約、人種差別撤廃条約）等による人権の保障を受け、その保障には、生命に対する権利、居住、食糧、安全な水、衛生、健康（医療ケア）等の社会的経済的権利、プライバシー権等の市民的権利等が含まれます。国は、これら権利を性別、国籍、民族、障がいの有無、被災・避難地域等によるいかなる差別もなくすべての被災者に保障する主要な責務を負う立場にあります。」

ヒューマン・ライツ・ナウは、避難民の保護と権利については、国連人権委員会が採択した「国内避難民に関する指導原則」があるので、これを参照すべきだと指摘しています。その第一原則は、避難民が一般市民と差別されることなく、国際法上、国内法上のすべての人権が全面的に保障されるとし、第三原則は、当該国の政府が避難民の保護と支援の主要な責任は負うと定めています。

さらに、「生命・衣食住、医療に関する権利の現状と課題」、「人権の尊重と特に脆弱な立場にある人々の保護」、「情報へのアクセスと民間の専門家の関与」について検討し、「当面、特に必要な措置」として、子どもに対する教育と保育の環境を保障することを提言しています。

さらに「復興支援法制の検討――被災者の社会権等の権利を充足するために」各種の施策を提言しています。

その上で、ヒューマン・ライツ・ナウは、「周辺住民に対する保護と権利保障について」として、3つに分類して所見を示しています。

①「避難命令を受けた人々」については「避難命令を受けて避難をしたすべての人々には、被災者として避難生活を送る人々と同等の人権保障がはかられなければなりません」。

②「国が『自主避難』を求める地域の人々」については、「『自主避難』勧告を受けた地域の住民はこれまで『屋内避難』を求められ、食糧を含む生活物資が不足し、居住、食糧、安全な水、衛生、医療、健康の権利に十分にアクセスできない状況が報じられてきました。国は、この地域に住む人々が放射能汚染による生命・健康の被害を受けるのを防ぐ義務、そして、生存に必要な基盤をなす食糧、水、医療、衛生、居住等の権利を他の被災者と区別なく保障する義務を負います」。

③「影響を受ける広範な住民に対して」は、「被ばくや健康への影響を最小限に食い止めるため、影響を受けるすべての地域住民と自治体に対し、放射能汚染による危険性に関する正確な情報および内部被ばくに関する正確な知識を提供し、被ばく者の検出と治療に万全を期すよう求めます」としています。

日本政府による「避難指示区域」の設定は、大局的見地から行われたものと言うことですが、現場に居住する被災者の立場（生存、生活、不安等々）に適切に対応したものとは言えませんでした。被災者の立場を配慮するならば、避難の権利を十分に尊重することが必要です。

3　避難の権利訴訟

福島から各地に避難した人々は、その生活状況、就労状況、意識状況のいずれをとっても千差万別です。それぞれの避難者のニーズに即したきめ細かな対処が求められたはずです。しかし、日本政府と福島県は「避難指示区域」以外からの「自主避難者」であることを理由に、十分な対応をせず、それどころか住宅支援を打ち切ったのです。

このため、各地の避難者は命と暮らしを守るために必死で努力しなければなりません。そうした中、各地でさまざまな訴訟が提起され、現在も法廷で避難の権利をめぐって裁判が続いています。

関東地方に限っても、東京訴訟（福島原発被害東京訴訟）、南相馬・避難20ミリ撤回訴訟、さいたま原発被害救済訴訟、東電株主代表訴訟、千葉原発被害救済訴訟、群馬原子力損害賠償訴訟、福島原発神奈川訴訟などがあります。

福島原発かながわ訴訟（略称：ふくかな）を例にとると、2013年9月に提訴され、原告団が発足しました。原告団は、国と福島県が打ち出した住宅無償提供の打ち切り、避難指示区域の解除・賠償打ち切り、子ども・被災者支援法基本方針改定の撤回を求めて懸命の連続行動を展開しています。国や東電への要請行動、神奈川県への要請行動、県下各市町村への要請行動、市民集会、街頭行動、法廷傍聴（各地の裁判への相互支援）など、多彩な活動を展開しています。ふくかな原告団は次のように述べます。

「私達はこの度の原発事故に対する国と東京電力の共通する姿勢である『棄民』に対して、私達が持つ当然の権利である『生存』・『人権』を守る為にこの度訴訟という手段に立つ事と致しました。具体的には
①避難生活に伴う慰謝料
②生活破壊・ふるさと喪失に対する慰謝料
③財物・不動産損害に対する慰謝料
の3つに各々の持つ損害をカテゴリー分けし、完全賠償を勝ち取るのが私達の目標です。つまりこの訴訟には原発事故で直接被害を被った我々が生活の再建を図る為の原資を得るという意味があります。」

「しかしながら、私達が本来の賠償を勝ち取ることで初めて国は原発の真のコストを算出できるという側面をこの訴訟の結果は持つことになります。このコストが安いと見れば国は原発を海外に積極的に売り出すでしょうし、国内にも新たに多くの原発が立つ事となります。そしてチェルノブイリ、福島に継ぐ第三の原発難民を作ることになるのです。ですから私共はこの闘いに負ける訳にはいかないのです。」

裁判で争点となったのが、低線量被ばく問題です。政府・東電は「年間20mSvまでは大丈夫」としてきました。国際的には年間1mSvが一般人の許容範囲(国際放射線防護委員会ICRP)となっています。国際社会の人権に関する見方からすると現在の日本は人権侵害を行っていると見られているのです。

この点で、2012年11月に訪日調査を行った、国連人権理事会のアナンド・グローバー「すべての者の到達可能な最高水準の身体及び精神の健康の享受の権利（健康の権利）」特別報告者の報告書が重要です。

グローバー報告者は、低線量被ばくの影響が否定できない以上、政府は妊婦や子どもなど、最も脆弱な人々の立場に立つべきだと指摘し、「避難地域・公衆の被ばく限度に関する国としての計画を、科学的な証拠に基づき、リスク対経済効果の立場ではなく、人権に基礎をおいて策定し、公衆の被ばくを年間1ミリSv以下に低減するようにすること」を勧告しました。また、帰還について「年間被ばく線量が1ミリSv以下及び可能な限り低くならない限り、避難者は帰還を推奨されるべきでない」と指摘し、避難等の支援策や、詳細な健康検査は、年間1ミリSv以上の地域に住むすべての人に実施されるべきだと勧告しました。

日本政府はこうした国際的勧告を無視してきました。裁判所は国際基準を考慮して判断するべきです。

なお、神奈川訴訟の法廷では、もう一つ、原告の意見陳述をめぐって対立が激化しました。原告団は公判の際に原告一人一人の意見陳述をすることを求め、裁判所もこれを認めてきました。ところが、東京電力は「意見陳述は止めてほしい」と、法廷での原告の発言の中止を求めました。これに対し、原告団は意見陳述を継続して欲しい旨の申し入れを裁判所に行いました。横浜地裁は意見陳述の継続を認め、原告団は意見陳述を続けています。被災者に対する責任逃れをしてきた東電が、被災者の意見陳述にさえ反対する姿勢は到底容認できるものではありません。

第二章

日本問題としての沖縄米軍基地

最初に、知花竜海の歌「海鳴りの島」を聴いてもらいました。知花竜海は、２００３年の沖縄国際大学ヘリ墜落事件を扱った歌「民のドミノ」（カクマクシャカと共作）でも知られます。「海鳴りの島」という言葉は、芥川賞作家・目取真俊のブログ「海鳴りの島から」に由来します。

――２０１６年まで沖縄では辺野古基地建設問題にずっと取り組んできたわけですが、２０１６年夏からは高江ヘリパッド工事強行がなされています。沖縄における選挙では基地反対の意思が何度も何度も確認されているのに基地建設が強行され、これに反対して闘っている市民に対する不当逮捕が続いています。山城博治さんに対する長期勾留もありました。その中で「土人」、「シナ人」という差別発言が大きな問題になりました。オスプレイが墜落したり、ヘリコプターの部品が住宅地に落下したり、ひどい状況になっています。沖縄の状況を見て思うことを一言お願いします。

高橋　沖縄の状況はあまりにもひどいとしか言いようがありません。高江のヘリパッド工事ですが、２０１６年７月の参議院選挙が終わった翌日から工事を強行し、どんどんやりたい放題をやっている。抵抗する人々を排除するために本土から５００人といわれる機動隊を動員しています。その中の大阪府警機動隊員が「土人」、「シナ人」と差別発言をした。自衛隊のヘリまで動員している。以前にも第一次安倍政権の時に、自衛隊の「ぶんご」という掃海母艦を辺野古沖に動員したことがあります。今回は機材を運ぶために自衛隊のヘリを動員して、力ずくで抵抗を潰そうとするのがあまりにも露骨です。あからさまに力づくでこれを潰そうとしているのが許せない。（「土人」発言については126頁・コラム3を参照）

「土人」発言、「シナ人」発言について言えば、これはネットの世界では当たり前のように広がっている差別発言です。ヘイト・スピーチとか排外主義的な言説が広範に存在し、嫌韓、嫌中に「嫌沖」が加わってきた。そういうものが機動隊員の発言として現れたんだと思います。松井一郎大阪府知事や鶴保庸介沖縄担当大臣が擁護発言をして、本音を表わしました。「土人は差別発言とは言えない」という閣議決定までしました。確信的に差別しながら差別とは認めたくない、なんとかして擁護したいという姿勢です。米国のトランプ大統領にも見られるとおり、世界的に排外的な、差別主義的な空気が広がっています。前回、私は今の世界を「カオス」と申し上げたんですけれど、そういう中で、沖縄ではあからさまな差別と暴力が日本政府によって行使されている、という認識です。

——開会前に参加者には映像（藤本幸久・影山あさ子監督『高江——森が泣いている』の部分

上映）をご覧いただきました。関連資料が配られています。そこにアメリカの言語学者にして政治批評家のノーム・チョムスキーの２０１０年時点の言葉として、アメリカの状況がワイマール共和国に似ているという指摘が載っています。ナチスの時期を迎えようとしているドイツの状況に注意を喚起しています。当時のドイツは世界最大の国ではなかったから、いまアメリカが同じようになれば世界への影響、危険性はより大きいとチョムスキーが言っています。２０１６年アメリカ大統領選挙におけるトランプ当選をどう見るのか。なかなか難しい問題です。政治家としてのトランプについてはわからない点もあるのですが、すでにわかっているのは、やはり人種差別主義者、女性差別主義者であって、排外主義的とも言えるだろうということです。アメリカだけでなく、欧州も難民問題やテロ問題のため、排外的になっています。排外主義が世界的な現象になっている。それと日本の現象、沖縄に対する日本の姿勢も繋がっています。排外主義が日本的現象でもあり、世界的現象にもなっています。

高橋　大きく言えば、グローバリズムに対する反動という面もあるでしょう。それに対する反発がわかりやすい形で出ている。日本については歴史的に旧帝国の「遺産」としてポストコロニアルな状況がある。帝国主義、植民地主義の敗戦までの歴史が清算されずに戦後に残ってしまった。すでに70年以上経っているわけですけど、そういう差別の火種のようなものが日本社会の中に存在していて、そこに新たにグローバル化の中での排外主義という要素が重なってきているのではないかと思います。

——前回、福島原発問題に関連して「犠牲のシステム」のことをお伺いしました。福島についても沖縄についても「犠牲のシステム」と呼ぶべき点では共通です。福島と沖縄の違いも踏まえつつ、この面では共通なんだということを伺いました。福島の場合はご自分の出身地ということで特別な思いがあるわけですが、沖縄と高橋さんのゆかりはいかがでしょうか。

高橋　一番遠い世界だったと思います、日本国の中では。東北で生まれ育った人間にとっては、沖縄というとものすごく遠い。沖縄から見たら東北と言ってもピンと来ないでしょうし。関西には沖縄の人がたくさん来ているし、九州も繋がっているところがあるので比較的近く感じるでしょう。でも私にとって沖縄は遠かった。成人するまで在日朝鮮人の人とも実際お会いしたことがなかったので、在日朝鮮人への差別がわからなかった。もちろん福島にもあるのですけれど、気がつかないで育つぐらい、自分にとっては未知の世界でした。同じように沖縄も遠い世界で、沖縄戦というひどい戦争があったこと、戦後米軍基地があって非常に苦しんできたこと、そうしたことは新聞やテレビの情報から多少は理解していましたが、若い頃の自分にとって沖縄はとても遠い世界だったんです。

――私は札幌出身なんですが、いわゆる屯田兵の5代目です。1869年に入った最初の屯田兵の一族ですので、3代目までは大地主でした。私の父親の時代に土地をすべて失って、私は貧乏状態で生まれたのですが。北海道出身者は沖縄とはあまり関係ないと思われがちですが、実は叔父、私の母の兄が沖縄戦で戦死しています。命日は6月23日とされています。沖縄戦に送り込まれた部隊には北海道出身者が多いためです。北海道と沖縄は地理的には遠いのですが、同じ植民地状況に置かれていたとも言えます。植民地沖縄での地上戦に送り込まれたのは植民地北海道の青年たちだったわけです。私の叔父は末端の兵士として現地に駆り出されて亡くなったわけです。従って沖縄にある「平和の礎」に名前が刻まれています。末端の兵士ですので、いつどこで死んだのかとか、彼が沖縄の人々に何かしたのか。具体的なことは一切情報がありません。私にとって沖縄というのは、そういう繋がりで考えてきました。高橋さんの場合、直接的な関連はないけれど、いま理論的にも実践的にも重要な問題として取り上げて、発言されています。そこで、基地引取り論のエッセンス、骨子をお願いします。

基地引き取り論のエッセンス

高橋　そうですね。これは、沖縄の米軍基地を「本土」――「本土」という言い方にも問題があって、沖縄に対する日本のコロニアルな視線がすでに入った言葉ですので、これはカギカッコ付きで申しますが――で引き取るべきものだという考え方です。本来これは引き取るべきものだ、と。ただしそれは日米安保条約を日本国民が選択し続ける限りにおいて、ということです。私は最終的には日米安保条約を解消した上で、別の安全保障秩序を作る必要があると考えています。しかし、大多数の日本国民が日米安保体制を選択しているとするならば、その国民の99％は「本土」の人ですので、本来「本土」で引き受けるべき基地負担をずっと沖縄に肩代わりさせてきたと言うしかない。したがって、これは本土が引き取るべきものだから引き取らなければいけない。引き取った上で、安保についてどうするかを国民全体で考える必要がある。簡単に言えばそういうことなんですけれど、そのためにいろんな事柄を考慮に入れる必要があります。

――資料として2015年7月22日の『琉球新報』記事をお配りしています。

高橋　たまたま琉球新報を持ってきていますが、共同通信社が行った「戦後70年全国世論調査」

という記事を見てほしいのです。見出しにあるように、「護憲60％、改憲32％」「平和主義を評価」ということで、護憲支持が改憲支持の2倍あるという結果が出ています。戦後70年において平和主義が日本社会に定着したという趣旨の記事になっている。2015年の5月から6月に行われた調査です。思い起こしてみると、この時期はまさに安保法制に対する反対運動が盛り上がっていた。だから、憲法改正にも反対であり、安保法制にも反対であるという、そういう世論が優勢な中で行われた調査です。

ところが、「問19」では「日本は戦後、米国と日米安全保障条約を結び、同盟関係を築いてきました。あなたは日米の同盟関係をどう思いますか。」という質問に対して、「今よりも強化すべきだ」という人が20%、今の関係を「維持すべきだ」という人が66%、合わせて86%が日米安保体制を支持している。同盟関係を解消すべきだという人はわずか2%しかいないんです。私もこの2%に入っているんですが、非常に少数です。こういう状況がある。

私が昨年出しました『沖縄の米軍基地――「県外移設」を考える』という本には、1980年代以降の内閣府の調査と朝日新聞の調査、この二つのデータをあげましたが、どちらのデータでも安保支持率は1990年代の半ばには70%を超え、2010年代には80%を超えています。そして「戦後70年」の調査では9割近くになっているわけです。

現在の辺野古基地建設反対運動にしても、運動のスローガンは「安保反対」ではありません。

安保体制そのものに反対する声はあるのですが、それが運動としては見えなくなっています。それくらい少数派になっている現状があります。問題は8〜9割が支持している安保体制ということです。日本にある米軍基地はその起源は様々にせよ、安保条約によって法的に正当化されているわけです。そうすると先ほどの話になってくるわけで、安保体制を支持する圧倒的多数のいる本土で米軍基地を引き受けるべきだというのが、きわめて単純な論理として出てくるのです。

――県外移設論が出てくる。

高橋　そうです。沖縄側から言えば「県外移設論」です。これを「本土」の側から言えば、「基地引き取り論」です。私自身、沖縄から「県外移設論」が出てこなければ、こんなふうに考えるに至ったかどうか怪しいものです。たとえば、翁長雄志知事は那覇市長時代に『朝日新聞』に載せたロングインタビューで、経済援助もいらない、税の優遇措置もいらない、覚悟を決めますから基地は全部持って帰ってください、と言っています。県知事になってからはここまでストレートには言っていませんが、普天間飛行場の県外移設は一貫して県政の柱にしています。

――基地引き取り論を考えるようになった経緯をもう少しお願いします。

高橋　「カマドゥー小たちの集い」という女性たちの運動が1990年代から県外移設を主張してきました。カマドゥー小たちの集いのチラシ（2015年5月17日）があります。

――タイトルが「基地は県外へ！」で、「『県内移設条件つき日米合意』を何度繰り返そうと、無効です」とあります。

高橋　そこには県外移設論が分かりやすく書かれていますが、私が県外移設論を初めて知ったのは、社会学者の野村浩也さん（広島修道大学教授）の『無意識の植民地主義』（御茶ノ水書房、2005年）という本を読んだ時です。そこから入っていって、すぐに、政治的なレベルでも市民運動のレベルでもそういうものがあるのだということを知るに至りました。

私の議論は、沖縄の県外移設要求の中で言われてきたことを、「本土」の人間としてどう受け止めるか、「本土」の人間のロジックで受け止めたらこういうことになる、というものにすぎないと言ってもよい。その一つのポイントが今お話しした日米安保条約との関係です。日米安保条約を政治的に選択している以上は、その選択に伴う負担については責任としてこれを引き受けるのが当然ではないか。

なぜ米軍施設が沖縄に集中しているのかも今ではよく知られていると思いますが、一つには歴史的に「本土」にいた部隊が沖縄に移っていったわけです。今沖縄にいる海兵隊の主力部隊、これは１９５０年代には「本土」にいました。朝鮮戦争の終結直前にアメリカから再びやってきた海兵隊が１９５７年に沖縄に移っていく。それが最初だった。その後、１９７０年代にも岩国から沖縄に移っています。そんなふうにして本土では、特に関東地方では米軍基地が整理され縮小していく中で、一部沖縄に移り、沖縄の基地は固定化されているから、沖縄の負担率が本土に比べて高まっていく。１９５５年の段階ではまだ本土が9割近くを占めていました。１９７２年の沖縄返還の時にはすでに沖縄のほうが負担率が高まって6割近くになっています。返還後、つまり「復帰」後、さらに沖縄の負担率が高まって、今や７４・４％にまで高まって今日に至っています。

――砂川闘争や内灘闘争を思い起こしますが、その先、本土から沖縄に米軍基地を移動した時のことを私たちは覚えていません。気にしていない。

高橋　「本土」から沖縄への移駐には当時のさまざまな要因が絡んでいると思われますが、その一つは、本土での反基地運動に手を焼いた日米両政府が、米軍の支配下にある沖縄に移してしまえばいいと考えた。また、沖縄返還前後には米国側に海兵隊の撤退案もあったのですが、日本政府がこれを引き止めた。1995年の少女暴行事件の後にも、同じようなことがあったとされています。つまり米軍の沖縄へのいわば「隔離政策」が日米両政府によって行われてきた。こういう歴史的な背景も考えなければならないのです。

――2015年11月9日の『琉球新報』のモンデール元駐日大使のインタビューと、2016年6月3日の『毎日新聞』の梶山静六書簡についての記事があります。

高橋　ウォルター・モンデール氏はカーター政権の副大統領を務めた人。1995年の少女暴行事件のあと日米が普天間基地の返還を発表するわけですが、当時駐日大使で日米交渉の重要人物でした。橋本龍太郎首相と並んで普天間基地返還を発表したことは私の記憶にもあります。このモンデール氏が琉球新報の単独インタビューで、普天間基地を返還する際の代替施設について、沖縄がいいとアメリカ側から言ったことはない、と言っているんです。「基地をどこに配置するか決めるのは日本政府でなくてはならない。移設先は日本側による決定である。日本政府が別の場所に配置するといえば、アメリカ政府もそれを受け入れるだろう」とも言っている。

この間、オバマ政権は安倍政権に合わせて「辺野古が唯一」といってきたわけですけれど、モンデール氏によれば、代替施設を沖縄県内にと求めたのは日本側だったのです。

――それに対応するのが『毎日新聞』2016年6月3日記事ですね。

高橋　毎日新聞の記事では、当時橋本政権の官房長官であった梶山静六氏が、1998年に下河辺彰敏元国土事務次官に出した書簡が取り上げられています。下河辺元国土事務次官は今年(2016年)になって亡くなりました。沖縄に理解のあった官僚ということで沖縄では比較的評価するような記事が出ましたけれど、この下河辺氏に梶山氏が宛てた書簡が公になりました。それによると、キャンプシュワブ沖以外に候補地を求めると、本土の反対勢力が住民闘争を起こすことが予想されるので、どうしてもこれは名護市に受け入れてもらうしかないと。つまり、当時政府の中心にいた梶山官房長官は本土に移す可能性についても考えてはいたけれど、そうすると反対運動が必ず起こるので、沖縄に受けてもらうしかないと判断した。

モンデール証言と梶山書簡を合わせると、日米両側から当時の状況が浮かんできます。端的に言えば、本土で反対運動が起きるので沖縄に作らざるを得ないという論理になっている。この辺りをどう考えるかということです。逆に言うと、当時普天間飛行場の閉鎖にはどうしても代替施設が必要だとなった際、それを「本土」で引き受けていれば、辺野古新基地問題はなかったとも言えるわけです。

——沖縄の親川志奈子さんも基地引き取り論を歓迎しています（親川志奈子「『基地を引き取る』という日本の声」『世界』２０１５年10月号）。

高橋　親川さんは、反基地運動、反安保運動の中で育ってきたけれど、ある種の違和感も抱いていたようです。そして、県外移設という考え方を知って別の視点が開けたと思ったそうですが、それを公に言うといろんな形で非難されたそうです。最近になって県外移設、引き取りの声が「本土」のほうから出てきたので、「脱植民地化の一方の当事者である日本の人々が『基地を引き取る』というプロセスをもって沖縄差別の解消を訴えている姿に、私たちの声が初めて人間の声として聞かれたという安堵を覚えた」と書かれています。こういう声も、これまでなかなか聞こえてこなかったと思うんです。

——基地引き取りの運動も始まりました。

高橋　２０１５年3月に初めて大阪に引き取るという市民運動が産声をあげました。その中心人物の一人、松本亜希さんがその趣旨について書いた文章があります（松本亜季「まず沖縄差別解消を――日米安保、身近に考える」『琉球新報』２０１５年8月20日）。

――福岡でも基地引き取りの市民運動が立ち上がりました。その代表の立場にある里村和歌子さんの文章もあります（里村和歌子「米軍基地本土に移設を――終わりにしたい沖縄の犠牲」『沖縄タイムズ』２０１５年3月8日）。里村さんは「『日本人』として『沖縄人』と対等な関係で出会い直したい。だから私たちは、引き続き運動を続けていく」と言います

高橋　歴史家の色川大吉さん（東京経済大学名誉教授）が「本土」は基地引き取りをすべきだということを書かれた文章もあります。

――憲法学者の木村草太さん（首都大学東京教授）も「沖縄の基地負担軽減を実現するには、『基地絶対反対』ではなく、本土への引き取り運動こそが有意義なように思われる。基地の引き取りを真剣に議論すれば、基地問題をひとごとではなく、自分事として考えざるを得ないだろう。

沖縄に対する差別を解消し、正義・公平を実現するには、この道しかない」と言っています（『沖縄タイムズ』２０１６年12月18日）。

高橋　２０１５年秋から16年にかけて、急速にこういう声が出てきました。16年11月末には新潟でも引き取り運動が立ち上がりました。大学の教員と学生が中心ですけれど、新潟でも引き取りの可能性を追求したいということです。まだまだ数は少ないですが、これまでまったくなかった声が広がり始めています。東京でも準備が進んでいるんです。

無意識の植民地主義について

――先ほど野村浩也さんの『無意識の植民地主義』のことが出ました。一方では基地を押し付けるという現象があり、他方では「癒しの島」ということで沖縄観光を楽しむ本土の人がいる。それは裏表の関係で、実はどちらも植民地主義的な精神の現れではないのか。そのことは沖縄の側から「基地を持って帰れ」と発言した途端に、本土の人間の態度が極端に変わる。本土の人間に合わせて発言すると歓迎されるが、沖縄側の主体的な意見は抑圧される。それは非常に顕著であるということを厳しく指摘しています。その後、様々な人々がやはり、日本人による、ヤマトによる植民地主義に問題の鍵が潜んでいるのではないかと考えるようになった、重要な問題提起でした。

もう一つ、「隔離」という言葉が先ほど出てきました。それで思い出したのはかつて日本の領土にされていた南洋諸島があります。２０１５年、現天皇がパラオ共和国のペリリュー島に行ったので注目されましたが、パラオは当時の「日本領南洋諸島」でした。現在、パラオ、ミクロネシア、マーシャル諸島の３つの国に分かれています。これは国際連盟時代に委任統治領として日本が管轄していた地域です。ところが日本が戦争に負けたあと、日本人の意識からはほぼ完全に消えてなくなります。この地域はアメリカが国連の信託統治領として管轄することになりました。その時代、アメリカのこの地域の政策のことを「動物園政策」と呼んで批判している人たちがいます。アジア太平洋史研究者の中で使われている言葉です。今回の「土人」発言ですぐに想起されるのが人類館事件ですが、隔離ということも合わせて考えると、アメリカが南洋地域で行なった「動物園政策」も同じです。現地の人の声はアメリカ人には聞こえない、届かない。沖縄の人の声が本土のやまとんちゅにどう聞こえているのかをお聞きして思ったことです。

高橋　そうですね。一般に「植民地主義」の問題、まさに野村さんの著書名にあるように「無意識の植民地主義」の問題だと思います。私も戦後日本で護憲派と言われる側にいましたが、先ほどの世論調査を見ても明らかなように、今では護憲派のほとんどの人が安保体制を支持しているということです。

――なおかつ自衛隊があります。

高橋　はい。憲法に照らして言えば、自衛隊も日米安保もどちらにも疑義がある。日米安保について言えば、平和憲法下の日本に世界最強の軍隊をたくさん駐留させているのはどう考えてもおかしいので、前田さんや私は安保体制はいずれ解消されるべきだと考えてきたわけです。沖縄の基地問題も、安保条約が解消されて日本から米軍が全面撤退すれば解消されるだろうと思ってきた。しかし現在では、有権者の圧倒的多数が安保を肯定していて、国会議員やメディアの大半も「日米同盟」を自明視している。安保解消の目標は放棄できないとしても、その実現が容易ではないことは明らかですね。

安倍内閣のような改憲派の政治勢力に対して歯止めになっているのは護憲派の存在ですが、その護憲派の大半は実は安保体制を支持、言い換えれば日本に米軍基地は必要だと考えている。

すると、護憲派は国民が憲法9条を支持してきたと言うんだけれど、実際は安保体制があって米軍基地があって、あえて言えば米軍がいるので安んじて憲法9条を変えないで済んだという側面が果たしてないのか。そういう疑問が浮かんできます。

――「瓶の蓋」論ではないにしても、日米安保の国際的文脈を見ておく必要があります。

高橋　戦後何十年も憲法9条を変えなかった、だからこれはノーベル賞ものだという価値を認めたい気持ちはあります。しかし同時に、ずっと安保条約があって米軍基地があって、その基地から米軍が朝鮮、ヴェトナム、アフガン、イラクなどへ出撃して戦争を繰り返してきた。はたしてこれで日本は憲法9条を守ってきたと言えるのか。

そういう矛盾の中で、沖縄は「本土」の政府と有権者が選んできた安保体制の中で、自らには責任のない基地負担を押しつけられている。そういう疑問が自分の中で膨らんできました。しかし県外移設なんて発想はなかった。そこで野村さんの『無意識の植民地主義』ですが、2005年に出たものをすぐ読んだかは覚えていませんが、大学の「人間の安全保障プログラム」というコースの授業の中で、この本をテキストにして1学期、学生たちと一緒に読みました。当然、肯定的なだけではない、いろんな反応が出てくるわけです。それを2007年に『人間の安全保障』という教科書のような本を共著で作った時に、教員一人と学生数名の対話のような形にまとめて自分の原稿に取り入れてみたんです。そこでは結論は出さず、県外移設という考え方を紹介し、どう応答するかを自他に問いかけたんです。

ヒューマンセキュリティー（人間の安全保障）の問題は、アフリカなど発展途上地域の問題であると言われてきたんですけれど、先進国にもあるだろうと思ったのが沖縄の基地問題です。ここでは国家の安全保障を強調すればするほどヒューマンセキュリティーが損なわれている。そういう典型的なケースではないかと思いました。

――早い段階で野村さんの提起に応答しようとしていたわけですね。

高橋　応答が求められているという認識ははっきりしていましたが、まだイエスと応答する決断はできていませんでした。そうこうしているうちに、２００９年に民主党中心の鳩山政権が成立しました。そこで県外移設というのが国政のど真ん中に出てきて、沖縄県民の期待が高まります。でも結局、ご存知のような経緯で鳩山首相は挫折、辺野古に回帰してしまい、沖縄では裏切られたという怒りが沸騰します。その後の沖縄では、自民党の候補者でも県外移設を言わないと当選できない時期が続きました。沖縄の自民党国会議員がみな県外移設と言っていた時期もありますが、安倍政権の圧力で全員公約を翻してしまう。最後は仲井真弘多知事がああいう形で埋め立て承認をしてしまう。ただいずれにせよ、この経緯の中で県外移設という主張は沖縄でも完全に一般化して、翁長知事も一貫して普天間基地の県外移設を掲げているのです。

2012年が「沖縄返還」つまり沖縄の「日本復帰」40周年でしたが、私はそれをテーマに知念ウシさんと朝日新聞で対談させていただきました。知念さんの本を読んでも、メディアでのインタビューなどを見ても、彼女は一貫して、日本はもう沖縄に甘えるのをやめて基地を引き取って自分で解決して欲しいと主張している。対談すれば必ずその問いが向けられるだろうと思いました。その時にどう答えるか、その段階ではっきり私は「これはもう引き取るしかない」と決断したわけです。日本人の責任として引き取るしかない、と自分の覚悟を決めました。拙著で言うと、その対談の前に出した『犠牲のシステム　福島・沖縄』（2012年1月）の段階でも、野村さんを引用して県外移設の正当性を認めていましたが、まだ引き取りを積極的に主張してはいなかった。それを初めて全面展開したのが2015年の『沖縄の米軍基地「県外移設」を考える』だったわけです。

――知念ウシさんはカマドゥー小の会で活躍されている方で、『ウシがゆく――植民地主義を探検し、私をさがす旅』（沖縄タイムス社、2010年）の著者です。

高橋　その後、『シランフーナーの暴力』（未来社、2013年）も出ましたね。シランフーナーというのはウチナーグチ（沖縄の言葉）で「知らんぷり」の意味です。

――日本人《ヤマトンチュ》が、都合の悪いことは知らんぷりする。シランフーナーの暴力です。『ウシがゆく』は、私は100冊買って東京で販売しました。沖縄で売れるだけではまずい、東京で売らなくてはと思って一所懸命販売しました。私たちヤマトンチュには耳の痛い批判がたくさん書かれています。それにもかかわらず、素敵な思考のプロセスを辿れるという意味で、おもしろい本です。

日米安保破棄優先論について

――基地引き取り論への批判がいろいろな形で出ています。それらについてここで応答していただきます。いろんな議論があるので、他のことに触れていただいても結構ですが、まず「日米安保破棄優先論」です。基地引き取りではなく、日米安保条約の破棄こそが必要であり、優先するべき課題だという主張です。日本国憲法の精神に従って平和主義を実践するならば、日米安保条約は無用な存在であるし、基地は不要である。従って安保破棄に全精力を注ぐべきである。それに対して高橋さんの議論だと、当座という限定つきのようではあるけれど、日米安保を前提とすることになるではないか、という形の批判が出されています。

高橋　私は日米安保条約については解消を目標としています。これは先ほどから言っている通りです。なぜ解消を目指すかというと、日米安保体制はもともと「反共の防波堤」として作られました。旧日米安保条約は日本列島を「反共の防波堤」とするだけでなく、敗戦直後に連合国（アメリカ）が日本を抑えるというか、日本が再軍備するのを防ぐという面もありました。さきほど言及された「瓶の蓋」ですね。その二つが主要なポイントとして出発したと言っていい。「反共の防波堤」という感覚は、米ソ冷戦が終わっても、北朝鮮や中国の「脅威」という形で継続しています。しかしこれは結局のところ戦争準備の体制ですので、憲法に反するだけでなく本当の日本の安全保障とは言えない。いずれは解消すべきだというのが私の基本的な立場です。

安保法制が成立し、施行されてしまって、「駆けつけ警護」とか今いろいろ議論になっていますが、安保法制とは安保体制に積み重ねられているものなので、根っこの安保体制を問題にする必要がある。しかし、安保体制そのものの議論はほとんど消えてしまっています。「日米同盟」が自明のものであるかのように語られています。私はそれを問題にしたい。ですから日米安保解消が課題だという見解に私は同意します。そのことについては同じ立場なのです。

しかし、日米安保解消は現在の世論の状況、そして日米政府の立場から言って容易ではないことも明らかです。また、日米安保条約は単独であるわけではなくて、米韓条約、あるいは台湾や東南アジア、オーストラリア、ニュージーランドと米国の軍事的な結びつきの一環です。太平洋安全保障条約（ANZUS）のような、西太平洋の米軍を中心とした安全保障の秩序に組み込まれています。日米安保をやめたいという政権が日本に現れても、これら周辺諸国がどう反応するかという問題があります。だから簡単ではないんです。少なくとも日本に安保解消を掲げる政権ができれば、それは日本の民意を背にして交渉することが米国に対しても周辺諸国に対しても可能だと思いますが、そもそもそういう政権が今の日本で成立する可能性があるかと考えると、そうとうハードルが高いと言わざるを得ません。

――１９６０年の安保闘争の時は革新政党、労働運動、学生運動がまだ元気でした。しかし、今や見る影もない。

高橋　60年安保の時でさえ、あそこまで盛り上がったにもかかわらず、結果は新安保条約締結を許すことになりました。その後半世紀を超えて現在に至るわけですが、かつての「革新勢力」はおっしゃるとおり見る影もない。主要なメディアはいずれも日米同盟維持の立場です。朝日新聞、東京新聞もそうですし、中央メディアはみなそうです。先日、東京新聞の社説を見て驚いたのですが、普天間は辺野古に新基地を作らずこれを返還すべきだと。これはいい。ところが、それでも日米同盟は十分機能する。嘉手納基地があれば大丈夫なんだと続くのです。東京新聞の社説ですよ。ＮＨＫはじめテレビももちろん日米同盟翼賛です。

――東京新聞の社会部記事、特に「こちら特報部」は現実を鋭く切り取って問題点を提示する記事が多いので、市民運動の中でも評価が高いです。その東京新聞にしてこうです。

高橋　安保解消にもっていきたいし、その意味を主張し続けるけれども、残念ながらこれはすぐには行かないのです。となると、そこに持って行くまでに沖縄の基地負担をどうするのかが問題になります。安保解消をめざすからといって、本来本土が負担するべきものを沖縄に押しつけ続けることはもうできないと言うべきです。

1960年の段階だったらまだ安保解消の可能性も見えていましたから、それまで待ってくれと沖縄の人に言っても少しは説得力があったかもしれません。それが何十年たっても解消されないどころか、安保解消を支持する人はわずか2%などという数字が出てくる現状になってしまった。安保解消までこれ以上いつまで待たせるのだ、と沖縄の人から問われたら答えようがない。説明のしようがありません。これ以上沖縄に基地を押しつけ続けることはもう許されない。ですから、引き取り論を言っているのです。

――日米安保の現実を認識して議論することと、それを容認することとは別です。

高橋　その通りです。日米安保が現実にあることを認めて、その条件のもとで行動することは、日米安保を容認することではありません。引き取りを言うにしても、別に日米安保を支持するわけではないのです。評価として支持することと、現実として前提することとは違います。安保体制というのが長年国家の政策であり、多数の国民が支持している状況の中で、これを現実として前提しなければ何もできないことは明らかです。現実の状況を出発点にして、沖縄の状況を改善することは可能だし正当ではないでしょうか。

もし、日米安保を前提とするから認められないというのであれば、例えば日米地位協定の抜本改定という要求が、沖縄で米兵犯罪が起きるたびに出てきます。これは当然のことで、日米地位協定は米軍や米兵にとって非常に有利な治外法権的なものになっているわけですから、日本政府は米兵犯罪を抑止するためにもすみやかに改定交渉をすべきなのです。でも、これだって安保の枠の中の話です。日本に基地を置くから米軍や米兵の地位を定めなければならない。安保を前提とするのは認めないとなれば、それすら要求できなくなります。

１９９６年、大田昌秀知事の時、沖縄県は「基地返還アクションプログラム」を日米両政府に提案しました。これは計画的、段階的に、２０１５年までに沖縄の基地をゼロにする。返還しやすいところから時限を区切って徐々に返還を進める。最後は嘉手納基地を含めて２０１５年までにゼロにする。そういう段階的な解消論です。これは安保解消を提案するものではない。安保の枠の中でも沖縄の基地をゼロにしたいという提案です。安保解消優先論の人たちは、これにも反対するのでしょうか。私は反対しません。今これが出てきたら当然支持します。

今の「オール沖縄」の運動にしても、翁長雄志知事が政府と闘っていますけれども、「安保破棄」とは言っていません。２０１６年4月に痛ましい事件が起きて、県民大会が行われました。ここでも海兵隊の撤退を求めましたが、安保解消を要求したわけではありません。まず海兵隊だけは撤退せよという要求ですから、その意味では安保を前提にしているんです。安保の枠の中の話です。県議会が史上初めて海兵隊の撤退を決議しました。これも「安保破棄」を決議したわけではありません。安保の枠の中での改善策は安保を認めることになるからだめということになったら、こうしたことが一切出来なくなってしまいます。

——残念ながら、安保破棄が、今は遥か彼方に去ってしまった遠い課題になっている。その下で「安保破棄か基地引き取りか」という二者択一にしてしまうと、結局沖縄の基地を永続化することになってしまう。そうではなくて現実の課題をどう実現するのかとなると、今は引き取りを進めるべきだということです。

高橋　繰り返しになりますが、私は安保解消をめざしているんです。それと基地引き取りは矛盾しないということです。

本土の基地反対闘争をどう見るか

——次に、本土における基地反対闘争の立場を強調する見解があります。かつて本土で非常に激しい基地反対運動がありましたし、今日も各地でそれぞれ取り組んでいるわけです。とりわけ神奈川県は都道府県別でいうと3番目に基地が多いということです。つい先日、厚木基地の近くにお住いの方から私は問題提起されたんですが、「基地引き取り論というのは私たちに死ねということですね」という風におっしゃりました。基地被害に悩まされている人、基地反対運動に取り組んでいる人から見たときに、基地引き取り論は疑問であるという指摘がいろいろ出されていると思います。

高橋　私は米軍基地反対、安保解消をめざしていますから、基地反対運動に対立したり、それを否定するようなつもりは全くありません。厚木の騒音被害等、長年悩まされてきた人々の苦痛もわかります。問題は、沖縄のような狭い地域に膨大な基地負担を集中させながら、「本土」の広大な地域の人びとは全く基地負担を負わずに安保条約を支持しているということです。この不条理をどう解消するかが問われているわけです。

――横浜では1977年に米軍ジェット機墜落事件がありましたので、そういう思いを持たれるんですね。もちろん沖縄でいうと1959年の宮森小学校米軍機墜落事件や2004年の沖縄国際大学ヘリ墜落事件もありました。2016年12月にはオスプレイも墜落しました。同じような事故が本土でも起きています。

高橋　にもかかわらず、なぜ「本土」では、沖縄のような基地反対の世論が広がらないのか。米軍が自分たちのところに来るのは困るが、日本から米軍がいなくなるのも不安だ、そう思っている人たちが非常に多いからではないか。どこに基地を引き取るかは議論しなければなりませんが、私は引き取りを言う以上、議論の結果、自分の住まいの近くに基地が来ても、さしあたりそれを受け入れる覚悟がないといけないと思っています。引き取り運動を始めた人びともほとんどがそうです。

私は「本土」の基地負担は「犠牲」とは言えないと思います。なぜなら「本土」は新旧安保条約を成立させ、基地を政治的に選択してきたからです。その選択に伴う負担を沖縄に押しつけることによって、私たち「本土」の人間は沖縄の人たちにずっと「死ね」と言い続けてきたことになります。沖縄の人は本土の人の数百倍のリスクを負っているんです。

――483倍。

高橋　沖縄は本土の483倍の危険があるというデータが出ていますね。483倍のリスクです。この事実を訴える声にどうやって応えるかということなんです。私は基地引き取りを主張する者として、「本土」で基地に反対している人たちとも、沖縄のそういう声に「本土」の人間としてどう応えるかを一緒に考えていきたいんです。「本土」でも東京と神奈川の一部では米軍基地に占領されているような地域があって、沖縄より密度が高いと言う人もいるわけですが、沖縄に74％が集中している米軍専用施設、「本土」にはこれがゼロ％の府県が33あります。こういう状況で、県外移設を求める沖縄の人びとに「私たちに死ねというのか」と言えるでしょうか。あえて思考実験をしてみれば、沖縄の74％を33で分けたとすると、1県あたりの負担は2％程度にすぎません。3％にもならない。沖縄が74％負担しているものを、2～3％も引き受けられないというのは、いったいどういうことなのか。

闘争分裂危惧論について

――基地反対闘争とも関連しますが、「基地反対闘争を分裂させる」という言い方もなされます。国民の多数は自衛隊を支持し、日米安保も支持し、それはもう今や8～9割ということです。本当に平和憲法支持で、平和運動、基地反対闘争の側に立とうとしているのは10％しかいない。あるいは日米安保反対は2％しかいない。こんなに少なくなっているのに、基地引取り論を唱えると分裂する。もっと少数派になるのではないかと危惧する意見です。

高橋　私はそれを恐れるよりも、まず2%なり、1割の側が、8〜9割の世論をどう変えるかを考えるべきだと思います。

それに、基地反対闘争、基地反対運動を分裂させるというのは、なぜ分裂させるのでしょうか。私の考えでいうと、安保反対も基地引き取りも矛盾しないわけです。これまで沖縄の県外移設論の人たちに言わせると、県外移設を主張すると、基地反対運動で「沖縄に連帯する」と言って来ていた人たちは嫌な顔をする。「なぜ沖縄の人はそんなこと言うんだ」と返されてしまう。「基地は日本全国からなくすべきで沖縄から本土に移すなんてとんでもない」という反応です。そこで対立が生じるということなんですけど、もし本土の側で引き取るということになれば、そういう対立は生じません。

連帯というのをどういう意味で考えるのかということだと思います。沖縄から「県外移設」の主張がずっと出ていて、「本土」で引き取るのが筋だという議論が出てきた時に、「本土」側がそれを拒否すれば、たしかにそこに齟齬や対立が生じます。「連帯」できなくなる。しかし「本土」側が「引き取りましょう」ということになれば、逆に協力関係ができるわけです。分裂が生じるというのは、どういう分裂なのかが問題ではないかと思います。

――これは安保容認派との関係で弱小の我々が、別の議論を抱えることによってより弱くなるのではないかという懸念だろうと思います。

高橋　それはあまりに「内向き」の懸念ではないですか。8割の多数派にたいしてともに訴えていくしかないでしょう。「沖縄差別をやめよう。本土が引き取れないのであれば、沖縄を犠牲にした安保体制を根本から見直そう」と。

性暴力事件をどう見るか

――1995年の沖縄少女暴行事件、あるいは2016年も残念な事件がいろいろ起きています。基地引き取り論は、そういう米軍による性暴力の被害を皆さんに引き受けてくれという議論になるのではないかと批判をする人もいます。

高橋　私も、ある場所で引き取り論の話をした時にある女性から質問を受けました。その方は「引き取りは論理としては正しい。引き取るべきだと思う。でも男性のあなたがそういう主張をすることを、あなたはどう考えますか」と言われたんです。私の議論にはジェンダー・バイアスがあって、男だから女性の不安や恐怖が分からずに引き取りなどと言っているのではないか。そういう問いだと思いました。

私は、性暴力の被害を受けた女性の苦痛や屈辱を想像することはかろうじてできるような気がします。しかしもちろん実感はできません。ですので、この点に関する私の考えはたしかにジェンダー・バイアスがかかっている可能性がありますし、自分でも自信があるとは言えません。ただ、そういう点から見れば意外なことに、引き取り運動の関係者には女性が多いんです。沖縄で「県外移設」の要求を担ってきたカマドゥー小たちの集いは女性たちのグループですし、個人としては知念ウシさん、親川志奈子さん、玉城福子さんといった論者がいます。「本土」の引き取り運動では、大阪の松本亜季さん、福岡の里村和歌子さんはリーダー的存在ですし、東京でも女性たちが多い。カナダの Peace Philosophy Center の乗松聡子さんも「本土」引き取り論者です。ですので、正直に言えば、この問題は女性の皆さんに語ってもらったほうがよいのかもしれません。

男であれ女であれ、「本土」で米軍兵士の性暴力があってよいなどという人は論外でしょう。それは許してはならない。しかし、「だから引き取れない」というのであれば、沖縄の人から見れば、ではなぜ、そういう性暴力のリスクに何十年もの間、483倍にもなる密度で沖縄の人たちをさらしてきたのか、この状態をこのまま続けるつもりなのか、ということになる。「本土」で被害があってはならない、「本土」の沖縄化は認められない、そう言って「県外移設」を拒否し続けて、ずっと沖縄に基地が固定化されてきたのです。
　普天間飛行場のケースを考えれば、１９９５年の時点で「本土」で引き受けていれば、沖縄国際大学米軍ヘリ墜落事故もなかったでしょう。もし「本土」で引き取るとなれば、当然ながら「本土」の私たちがそういう被害が出ないように努力しなければいけないわけで、沖縄の人たちはこれまで、それをやらざるを得なかったからやってきたわけです。まずは日米地位協定の抜本改訂が必須でしょう。沖縄がいくらそれを要求しても、日本政府はそれをやりたがらず、やってこなかった。では、沖縄の基地が「本土」に来て、「本土」の多数が地位協定の抜本改定を要求したらどうなるか。

――政府は「本土」のためなら少しはアメリカと交渉するかもしれません。

高橋　そうですね。皮肉なことに、そうなれば、沖縄を差別していたことがいっそう明確になります。地位協定の抜本改訂、事件や事故を起こ

させないためのあらゆる努力、そういう課題を全部含めて「本土」が引き取るべきだと思うのです。

——やはり「犠牲のシステム」が見えない形で作動しています。本当は見えているのに、本土の人間は見なくて済むようになっている。

高橋　そう思います。少し違う観点から言えば、たとえばイラク戦争で「ファルージャの民間住民虐殺をやったのは沖縄から行った米軍だ。だから沖縄の人はファルージャの虐殺に対して加害責任がある」という議論があります。ヴェトナム戦争の時には沖縄から爆撃機が飛んで行ったので、ヴェトナムから見ると沖縄は「悪魔の島」だというのと同じです。沖縄に米軍基地があるがゆえに、まるで沖縄に加害責任があるかのような話をする人がいるのです。私はそれは全然違うと思います。「本土」が基地を押し付けているのでそういうことになってしまう。安保を維持し日本に米軍基地を置いてきたのは「本土」の政治的選択なので、加害責任というなら「本土」に加害責任があるのに、加害責任まで沖縄に押しつけているわけです。

基地があることによって生じる性暴力を回避する、なくしていく、その努力を沖縄の人にやらせてきてしまったことこそ問題ではないか。それはお前が男だから言えることじゃないかと言われてしまうと、ちょっと困ってしまいます。

二項対立図式批判について

——もう一つ、二項対立図式は良くないという主張があります。沖縄差別、構造的差別という言葉もよく使われるようになっていますし、我々もそういう議論をしています。これに対して「本土と沖縄」という二項対立を設定するのは不適切ではないか。沖縄も日本の中にあるわけですから、それを言うのであれば、日本と青森、日本と山口、それはどうなんですかという形の議論でもあります。沖縄差別問題をどう議論するかという評価の仕方に関わるかと思いますが、本土と沖縄を単純に区別する議論はよくないのではないかという声があります。

高橋　単純に区別してはいないと思うんですね。歴史と現状を踏まえて議論しているわけで、例えば沖縄独立論もそういう歴史があってのことです。歴史と現状を踏まえてそういうものが出てくるわけです。もちろん青森独立論が出てきてもおかしくはないですけど、沖縄に比べればリアリティーがないでしょう。なぜ沖縄にそういうリアリティーがあるかというと、沖縄はもともと琉球王国だったわけです。それを「琉球処分」といって日本に併合して沖縄県を設置した。琉球には国王がいたわけで、天皇制など全くなかった。それを沖縄に持ち込んで、言葉も日本語にし、名前すら朝鮮の創氏改名と同様に日本風の名前に変えていった。そういう植民地主義の歴史があって、いわゆる同化政策の下で「沖縄人も日本人だ、琉球人も日本人だ」という風になったわけです。そういう歴史があるから、それを内面化する人ももちろんいるわけですが、沖縄戦で「捨て石」とされ、大変な犠牲を余儀なくされました。その後、今度はサンフランシスコ条約で米国の施政権下に置かれました。そして、１９７２年に日本に「復帰」しても、これまで見てきたように異常な密度の米軍基地を押しつけられてきた。こういう歴史を考えてみれば、おのずから「沖縄と本土」という対立軸が出てきます。「ウチナンチュとヤマトンチュ」と言いますけども、これを日本の側から否定することはできないのではないでしょうか。それは沖縄の人たちが感じている差別というものを日本の側から否認することになってしまいます。

沖縄の自治文化について

――次に、自治文化に関連して少し伺います。高橋さんは「犠牲のシステム」ということで福島と沖縄を取り上げました。両者の共通点が焦点になるわけですが、他方、相違点がどうなるのか。福島には福島なりの自治意識があるにしても、沖縄と福島という対比で考えた時に、沖縄の自治文化、地域特性、あるいは自己決定権に関わる問題に違いがあるかと思います。そこでも沖縄は他の都道府県と違う位置にあるだろうと思うのですが、そこをどうご覧になっていますか。

高橋　地域の特性については、やはり琉球の歴史を抜きには考えにくいと思います。それを重視し過ぎることへの批判は沖縄の中にもあります。しかし、たとえば松島泰勝さんが琉球独立論を考える時に「琉球」という名前が出てくるということは、琉球王国とそれ以前の琉球諸島の歴史、それに繋がっているというアイデンティティーがあるからです。細かいことをいうと、そしてどんどん歴史を遡って行けば、例えば東北だって大和朝廷に服属させられた時代まで遡ることもできます。東北は何度も征伐の対象とされてきました。新しいところでは、戊辰戦争の際の会津藩や奥羽越列藩同盟に対する「官軍」側の仕打ちもあります。こういう歴史があるから、福島で3・11の原発事故が起こった時も、私もその一人ですが福島の人間でそういうことを感じたり口に出した人は結構いるんです。

沖縄で「土人発言」が問題化しましたね。東村高江のヘリパッド工事強行の中で大阪府警機動隊員が沖縄の人を「土人」呼ばわりしたのですが、実は3・11の後、「福島土人」という言葉が結構ネット上に出ていたのです。当時、私も驚いて、拙著『犠牲のシステム』の中でも紹介しました。「福島土人」、「東北土人」というワードが差別的に使われています。今回、沖縄での「土人発言」が記事になった時、ネットを観察する仕事をしている方のコメントに、「政府から補助金をもらい、それで生活をしている、そういう人に対するある種の蔑みの言葉として土人という言葉が、福島土人、沖縄土人という風に使われている」というのがありました。そう解釈する人もいます。北海道について言えば、「北海道旧土人保護法」という法律の名前にあったように、アイヌの人々が「土人」と呼ばれた歴史があります。北海道はもちろん「大和」の植民地主義が北の果てに到達したわけですし、最初は東北征伐から、坂上田村麻呂から始まっているわけです。歴史をどんどん遡っていくと、日本という国民国家の中に「夷族」とされた地域の歴史があります。

――征夷大将軍の「夷」ですね。

高橋　征夷大将軍というのは江戸幕府まで続くわけです。日本の政治権力者は常に「夷」を征伐する、成敗する役目を負っているのだとして、その象徴をずっと持ち続けていたんです。沖縄もまた、そういう天皇制国家にとっての「化外の地」の一つだったわけです。

――化外は化ける外です。文化の外でしょうか。

高橋　そうですね。とくに日本の場合は天皇の権威、「皇威」に浴さない地という意味が強いですね。ただし東北は、度々そういうことがあったとしても、早くに「大和」に同化されてしまって、東北出身の私にしても「大和民族」の一人であることは明らかです。たとえ天皇制に反対であったとしても、です。他方、沖縄については、明治初期に「琉球併合」でもって日本に併合された歴史が生々しく残っています。それだけ他者としてのヤマトゥへの意識が強い。自己決定権という言葉が日本の中で最もリアルだと言える、自己決定権を要求したいという気持ちが最もリアルに存在する地域ではないかと思います。

琉球独立論について

――先ほどの松島泰勝さん（龍谷大学教授）は政治経済学者ですが、琉球独立論について、この間に何冊も本を出しています。『琉球独立論』（バジリコ、２０１４年）、『実現可能な五つの方法　琉球独立宣言』（講談社文庫、２０１５年）など、非常に精力的に議論を展開されています。

高橋　琉球民族独立総合研究学会の設立と活動に主導的な役割を果たしていますね。松島さんははっきりと「琉球民族」に定位されているようです。

――琉球独立論についてどうお考えですか。

高橋　沖縄の側から琉球独立論が出てきて、それが多くの沖縄の人びとの意思だとなれば、私はもちろん支持します。そういうことになれば、間違いなく日本政府そしてアメリカがこれを潰しにかかってきますから、それが潰されないようにしないといけない。植民地主義を行使して「利用」して来た側の人間として、それをやめ、対等な人間同士として出会い直せるようにしたいという思いは、基地引き取りにおいても独立に対しても変わりはありません。

――スコットランドの人民投票をはじめ世界で様々な動きが起きています。欧州では、ベルギーの南北対立、スペインのカタロニア独立運動をはじめ、一度は封印された問題が再浮上しています。2017年にはカタロニア独立運動に対するスペイン政府の抑え込みが激しくなり、指導者がベルギーに亡命する事件がありました。琉球独立論も、米軍基地を押し付けられている現状に対する批判から登場していますが、世界史的な位置づけも必要です。

高橋　そうですね。ただ、現状で自分の側から「沖縄は独立したほうがいいんじゃないか」みたいなことを言う立場にはないと思っています。独立するかどうかはそれこそ沖縄の人びとの自己決定権に属することです。自己決定権を奪ってきたのが植民地主義であり帝国主義であったわけですから、自己決定権を阻害しないことが私たちの責任ではないかと思います。

――小国、小さな国の独立、自治、自己決定権をめぐる研究が政治学のほうではあります。欧州にはリヒテンシュタイン、サンマリノ、モナコ、アンドラ、ルクセンブルク、マルタのような小国があり、基本的に平和主義国家です。インド洋にはモルディヴやモーリシャスがあります。太平洋やカリブ海地域にも多くの小国があり、非軍備や平和安全保障を締結しています。私もそちらのほうを少し勉強して議論に加わろうかと思っています。また、国家として独立しない場合でも、自治の強化を求める地域運動があり、フィンランドのオーランド諸島のように自治と平和がセットになっている例もあります。基本的には自己決定権なので琉球民族の中でそういう議論が沸き起こってきた時に具体的な話題になります。松島さんの議論に注目して、対話していきたいと思っています。

平和づくりの道筋

――最後に、平和主義と平和的生存権を守ることについてお願いします。日本国憲法9条、平和的生存権を守れということでやってきたわけですが、しかし、そう言いながら現実には自衛隊、在日米軍の下にいるわけです。私の言い方でいうと、日本列島は最強の軍隊を抱えている列島です。自衛隊プラス米軍です。あるいは軍人の数でいうと、私が作った言葉ですが「軍人密度」という言葉で考えると、人口密度と同じ考え方でいうと、日本列島というのは非常に「軍人密度」が高い。そういう島ではないでしょうか。ジャーナリストの斎藤貴男さんは「日米合同の世界最強の軍隊が日本列島に配置されている」と指摘しています。そうすると我々の平和主義、平和的生存権というのは、守れ、守れとやってきたんだけど、果たしてどうだったのかという思いがあります。

高橋　私は平和を求める人間であることは言うまでもなく、憲法の平和主義や平和的生存権を大事に考えてきた人間です。もちろん改憲圧力にずっと晒されてきていますし、最近ではリベラル側から改憲論が出てきているということもありますけれども、私は現状の1項、2項を含めて9条を守っていくのがベストだと考えています。

在日米軍は言うまでもなく、自衛隊も憲法違反と言わざるをえないと思いますけれども、日本政府はずっと憲法違反ではないと言い、「必要最小限度の防衛力」として、集団的自衛権を行使せず個別的自衛権のみ行使する実力組織として、第2項を含めた憲法9条に違反しないと言ってきたわけです。私は憲法学の専門的議論を精査しているわけではありませんが、2項も含めて守っていくべきだと思っています。

——憲法学の世界では、9条擁護の憲法学者ももちろんたくさんいます。安倍首相が「自衛隊を違憲と言う憲法学者が多いから、憲法を改正する必要がある」と逆立ちした議論に使っているほどです。ところが、最近は「9条擁護のための9条一部改正」という奇妙な議論も登場しています。

高橋　「9条擁護のための9条一部改正」が9条擁護になるとは思えません。9条解体のきっかけになる恐れもある。ただ、日本だけで9条を守ろうと言っても、世界というものがありますから、どういう風に平和を実現していくのかを考える必要があります。日米安保条約を解消することだけを考えても、それを支持する民意がなければ解消できない。そして日本の民意だけで解消できるわけではなく、周辺諸国との関係を考慮して環境を整備しなければいけないし、いろんな問題があるわけです。そういうことをどうやって実現するかを、具体的に考えていく必要があります。基地引き取り論は、まずはその世論形成の段階で、安保法制はもとより安保体制そのものをもう一度議論するきっかけを作る意味もあるわけです。

――トランプが大統領選挙の過程で、日米安保ただ乗り論を唱えました。

高橋　トランプの意図は要するに、日本は安保を維持したいならさらに負担額を増やせということではないでしょうか。実際は、世界で一番米軍にお金を出しているのは日本ですから、米軍にとって沖縄は「天国」だそうです。ですので、本気で撤退を考えているかどうかは怪しい。また、仮にトランプ政権が日本からの米軍撤退を言ってきたら、これまでの日本政府、そして現在の世論を考えると、日本政府は米軍を引き止めにかかるでしょう。さっそく安倍首相は電話で「日米同盟は最も重要だ」とトランプに言っています。

――2017年になって、トランプのもとに馳せ参じて忠実な部下ぶりをパフォーマンスしていました。

高橋　日米安保解消のための第一歩は、それを望む日本の民意を作り出すことであって、そのためには安保維持を望んでいる8～9割の安保肯定論に対して問題を提起しなければならない。安保反対というだけでは今までと同じで、基地を沖縄に肩代わりさせて、こちらでは易んじて安保を支持するという状況を変えられないでしょう。その意味でも、安保を維持するなら沖縄の基地を引き取らなければならず、それができないなら、つまり沖縄にも本土にも置けない基地が70％もあるのであれば、これは安保そのものが成り立っていないのではないか。安保体制そのものを見直さなければならないのではないか、という問題提起をしていく。ですから、私の基地引き取り論は、安保を問い直すこととセットなのです。基地を引き取るべきだという議論と運動は、8～9割の安保賛成論者に対して安保を見直させるきっかけを作ることになる。それなら安保やめましょうとなれば一番いいわけです。そうならないのであれば、沖縄の基地を引き取って、自分たちの選択の結果を自分たちで引き受けたうえで、安保をどうするかについて自分たちの問題として議論し、決着をつけるべきです。

――安保解消論は再軍備を呼び起こすと言う危惧も指摘されます。

高橋　仮に安保解消となったらどうなるのか。これはトランプ発言もあって、メディアでもそういう議論が一瞬、出てきました。「いつまでもあると思うな日米同盟」とか言って……。仮に米軍が撤退するとしたら、日本国民、日本政府は「自主防衛」に向かうだろうと言われる。核武装もしたいということになるかもしれない。しかし私は、あえて言えば、そういう状況になって初めて、憲法9条を日本国民が守れるのかが問われると思います。今まではずっと米軍基地があって、日米安保条約があって、日米で安全保障をするという体制があったために、9条を変えないで済んできたのかもしれないわけです。米軍が撤退するとなった時に、日本国民が憲法9条を変えないでこのまま行くというふうに、果たして覚悟が決まるかどうか。今でいうと政治権力を向こうが握っているわけです。安倍政権は憲法改正を目指しています。そういう主張に負けてしまえば、米軍撤退が即日本のさらなる武装、軍備拡大になっていく。そこで初めて日本は戦後「平和国家」になったのか、が問われるわけです。繰り返しますが、私は2項も含めて9条を維持すべきだという立場です。「自主防衛」と称して軍備を増大させても、軍事力で日本列島の人びとを守れるかといえば、はなはだ疑問です。また、東アジアで安全保障秩序を作っていく時に、戦後日本の約束としての憲法9条を堅持しないと、周辺諸国の疑心暗鬼を産んで、うまくいかないと思うのです。

その上でもう一つ重要なことは、中国や韓国――もちろん北朝鮮（朝鮮民主主義人民共和国）とは国交正常化の課題がありますけれども、中国や朝鮮半島を含めた歴史問題、領土問題、これらをなんとか解決していく必要があります。周辺との信頼関係のないところで、米軍が撤退したあと共存共栄の安全保障秩序を作りましょうと言っても、うまく行かないと思います。私は安保解消の問題にしても、領土問題はもちろん、歴史問題とも結びついていると考えているのです。

——ありがとうございました。改憲問題については次回詳しく伺います。最後に音楽を流します。今日は、沖縄の石垣出身の歌手で国吉なおみの「月桃」という歌です。これは海勢頭豊という沖縄の有名なミュージシャンが作った歌です。海勢頭豊には「喜瀬武原《キセンバル》」や「琉球讃歌」などがあります。「月桃」は、２０１６年６月19日の県民大会の一番最後に合唱されました。歌詞の中に「６月23日待たず、月桃の花散りました」と、日付が出てきますが、まさに沖縄戦の終わった日のことです。国吉なおみの歌でお聞きください。

◎コラム3 「土人」――植民地主義とヘイト・スピーチ

1 はじめに

2016年10月18日、沖縄の米軍基地建設に抗議する市民に対して、大阪府警機動隊員が「土人」と発言しました。また、別の機動隊員が同様に「シナ人」と発言したことも明らかになりました。

「土人」発言と「シナ人」発言はいささか性格が異なります。「土人」発言は日本国内での差別発言ですが、「シナ人」発言は中国に対する蔑視を含む点で外国に対する差別発言でもあるからです。

「土人」発言の差別性、不当性が指摘されたにも関わらず、松井一郎大阪府知事は、機動隊員が熱心に職務を行っているとして「出張ご苦労様」と発言して、差別発言を容認しました。もっとも、さすがに大阪府警内では10月21日に巡査部長らに「戒告」の懲戒処分をしたということです。

さらに驚いたことに、11月8日、鶴保庸介・沖縄担当大臣が参議院内閣委員会で「差別だと断じることは到底できない」と述べて「土人」発言を擁護しました。

続いて11月18日、安倍政権は沖縄担当大臣発言の「撤回や謝罪、大臣罷免の必要もない」とし、「差別と断定できない」と閣議決定しました。

「土人」発言を積極的に擁護したわけではなく、「差別と断定できない」と述べたにとどまると言いますが、「差別でないから土人と呼んでも良い」という結論が引き出されるのは「自然」なことです。

こうして日本政府は、沖縄県民を「土人」と呼ぶことを公式に「認定」してしまったのです。

2 「土人」の時代――土人を作る植民地主義

「土人」差別は、日本固有の現象ではありません。

大航海時代以後の西欧諸国による「新世界」への到達（発見）の下で、植民地主義が世界を覆いました。オランダ、ベルギー、フランス、スペイン、ポルトガル、イギリスなどがアフリカ、アジア、ラテンアメリカを次々と植民地にしていきました。

大航海による地理的「発見」、異文化交流が急速に進みました。その前提となったのが造船技術や航海術の飛躍的発展でした。西欧諸国は自らを〈文明〉、他者を〈野蛮〉と呼び、キリスト教を布教しました。野蛮な原住民にキリスト教を教え、啓蒙するという「善意の植民地主義」の下で、現地社会の破壊、人間と自然（資源）の略奪と破壊が猛烈に進行しました。植民地主義の下で制度化された奴隷制の上に資本主義と自由主義が繁栄することになります。

同じ時代、北海道では１４５６年のコシャマインの戦い、１６６９年、シャクシャインの戦いが繰り広げられました。南の琉球では、１６０９年「薩摩の琉球侵入」として知られる薩摩藩の琉球王国への侵攻がなされています。同様に、太閤豊臣秀吉の命により、文禄の役（１５９２～93年）及び慶長の役（１５９７～98年）という李氏朝鮮への侵略・征服戦争が行われました。

大航海時代の植民地主義戦争に続いて、資本主義確立期の西欧諸国は資源を求めてアフリカ、アジア、ラテンアメリカに侵攻しました。国民国家の形成が遅れたドイツやイタリアも植民地分割に乗り出して、先陣を切っていたイギリス、フランスに対抗しました。

近代において日本の植民地主義もいよいよ肥大化します。明治維新の文明開化、富国強兵のスローガンは対外的にはまさに「植民地主義宣言」でした。

明治維新政府は１８６９年、アイヌモシリ（蝦夷）を北海道と命名し、北海道開拓使を設置し、北方警備と開拓のために屯田兵を次々と送り込みました。文字通りの「植民」です。ここから「植民学」が始まり、札幌農学校（北海道大学）が拠点となりました。

続いて１８７５年の樺太千島条約で、日本が千島を、ロシアが樺太を領有することにしました。その後、日露戦争の結果1905年のポーツマス条約で、日本は南千島を獲得しました。

琉球では、1854年に琉球王国とアメリカの間で琉米条約が締結されました。オランダ、フランスもこれに続きました。琉球王国は国際社会において独立国家として承認されていました。

ところが1879年、「琉球処分」がなされます。日本政府が琉球王国を強制的に併合したのです。典型的な植民地併合です。ここから沖縄差別が日本社会に根付いていきます。

その後、日本は日清戦争による台湾割譲（領有）、韓国併合、南洋諸島の国際連盟委任統治領としての施政、「満州国」建国に至る植民地主義全盛期を迎えます。

こうした植民地主義の時代に、アイヌ民族、琉球民族、南洋諸島の民族に対する「土人」という蔑称がつくり出されていきました。明治初期の文献で、アイヌや琉球に対して「土人」という言葉が用いられています。

その帰結の代表例が1899年の北海道旧土人保護法です。戸籍制度を確立した日本政府はアイヌ民族を戸籍に編入しましたが、その際、戸籍に「旧土人」と表記させました。「保護」という口実でアイヌ民族の土地所有権を制限するなど、極端な差別法でした。

もう一つの代表例が、1903年、大阪で開催された第5回内国勧業博覧会における人類館事件です。人類館では、アイヌ・台湾高砂族（生蕃）・沖縄県（琉球人）・朝鮮（大韓帝国）・

支那（清国）・インド・ジャワ・ベンガルなどの人々を「展示」しました。生きた人間を晒しものにする展示に、差別だという抗議の声が上がったことは言うまでもありません。

同様の試みは、一八八九年のパリ万国博覧会で始まったともいわれます。〈文明〉の視線で〈野蛮〉を展示する植民地主義がここに作動しています。

植民地支配は、植民者側による被植民者側に対する全面的徹底的な差別と非人間化につながりました。植民地支配における「土人化（差別と非人間化）」は、すでに2001年9月にダーバン（南アフリカ）で開催された人種差別反対世界会議でまとめられた「ダーバン宣言」に詳しく描かれています。

3 ヘイト・スピーチという「犯罪」

ヘイト・スピーチとは、人種、皮膚の色、言語、宗教、ジェンダー、性的アイデンティティなどの属性に基づいて、人又は人の集団に対して、差別、差別の煽動、暴力の煽動を行うことを意味します。

ヘイト・スピーチの全てが政治的な意味での植民地主義によるわけではありません。もともと、人は自分と異なる者に対して違和感を持ちます。それが他者を歓迎する歓待になることもあれば、不安感や恐怖に変わることもあります。植民地主義はこの違和感に「客観的」根拠を与え、支配する者と支配される者の間の差別的構造を生み出します。ここから差別とヘイトが胚胎します。植民地主義を抜きにヘイト・スピーチを語ることはできません。

欧米諸国におけるヘイト・スピーチの標的とされてきたのは、主に黒人、ユダヤ人、ロマ（ジプシー）の人々です。最近ではイスラム教徒が被害を受けます。アフリカ諸国で標的とされてきたのは、主に先住民族を含むマイノリティ、キリスト教徒です。

日本では、先住民族（アイヌ民族、琉球民族）、マイノリティ（在日朝鮮人、中国人）、被差別部落出身者などが被害を受けてきました。

世界的に見れば、20世紀における三大差別は、アメリカの黒人差別、ナチス・ドイツのユダヤ人差別、南アフリカのアパルトヘイトと言われます。植民地の時代はもとより、政治的に多数の国々が独立して以後も、地球全体を様々な差別が覆っていました。経済的格差も顕著でしたし、植民地主義が社会意識を支配し続けました。

20世紀後半に入ると、差別とヘイトとの闘いが始まりました。1948年の世界人権宣言、1956年の人種差別撤廃条約、1966年の国際人権規約（自由権規約、社会権規約）、1979年の女性差別撤廃条約は人間の尊厳を謳いあげ、差別の禁止や法の下の平等を要請しました。

人種差別撤廃条約はあらゆる差別の禁止を掲げ、条約第2条は全ての差別を終了させ、政府が差別に関与しないこと、民間人の差別を止めさせることを求めています。条約第4条は人種間の優越・劣等思想の根絶、差別煽動の禁止、差別団体の禁止を要請しています。ヘイト・スピーチの刑事規制の要請です。

それゆえ、世界各国でヘイト・スピーチの刑事規制が始まりました。各国とも、国内における差別とヘイトの実態を調査・解明し、国際人権法に基づく差別の禁止を実践するため、差別犯罪や差別煽動犯罪に対処する法律を制定していきました。①多くは刑法にヘイト・スピーチ規制を盛り込む方法です。②新たに人種差別禁止法を制定し、その中でヘイトを処罰する例もあります。③刑罰だけでなく、人権法を制定して差別の防止に取り組む例も多くあります。

ヘイト・スピーチを犯罪とする国は、世界に少なくとも120カ国以上あります。特に欧州諸国はほとんどの国がヘイト・スピーチ対策を取っています。EU議会がヘイト・スピーチ対策を決議したので、EU加盟国はすべてヘイト・スピーチを処罰します。人間の尊厳を守り、社会を守り、被害者を救済する法制度が徐々に整えられてきました。

これに対して日本は、憲法第14条に法の下の平等を定めるだけで、長い間、差別禁止法が全くありませんでした。人種差別撤廃委員会や国連人権理事会から繰り返し何度も差別禁止の方策をとるように勧告を受けましたが、日本政府は「差別禁止法は必要ない」と言って撥ねつけてきました。

しかし近年、状況が変わり始めました。障害者差別禁止条約を批准したことに伴って、2013年、障害者差別解消法が成立しました。2016年にはヘイト・スピーチ解消法と部落差別解消法が制定されました。

こうして社会意識も変わり始めました。差別は仕方がないものではなく、不当な行為であり、被害者が現実に苦しんでいるから、予防と救済措置が必要であることが認識されるようになってきました。

ところが「土人」発言では、松井大阪府知事、鶴保沖縄担当大臣、そして安倍内閣が「土人」発言を擁護・正当化しました。差別とヘイトをなくすという国際社会の取り組みや、遅ればせながらも始まった日本における差別解消の取り組みに逆行するものです。


〈参考文献〉

徐勝・前田朗編『文明と野蛮を超えて』(かもがわ出版、2011年)
前田朗『ヘイト・スピーチ法研究序説』(三一書房、2015年)
木村朗・前田朗編『ヘイト・クライムと植民地主義』(三一書房、2018年)

第三章

日本国憲法の行方——歴史認識から未来志向まで

安倍首相の真珠湾訪問

――2018年の年頭に安倍晋三首相は年内の改憲発議と2020年の憲法改正に意欲を示しました。2017年5月の映像メッセージにつづく改憲宣言です。ここに至る経過を少し振り返りたいと思います。2013年頃は、安倍首相の歴史修正主義が欧米諸国に警戒を呼び起こしましたが、2014年8月の「慰安婦」報道をめぐる朝日新聞の記事訂正問題や、2015年12月の日本軍「慰安婦」日韓合意の後は、事態が逆転した感があります。2016年12月5日のニュースで安倍首相が真珠湾に行くことが報じられました。「戦争のない将来と核のない世界」と言い、さらに繰り返し使った言葉が「和解」という言葉です。アメリカと日本の「和解」です。それが非常に重要だと強調していました。これを強調すればするほど、アジアと日本の和解はどうなるのだと、みんな気にすることになります。

高橋　オバマ大統領が広島に行ったこととの兼ね合いがあるんでしょうね。オバマ大統領が任期もいよいよ残り少なになって、安倍首相の側から発案したそうです。その狙いはおっしゃる通り、日米の「和解」をアピールする。日米同盟が強固であることもアピールする。その安倍首相の中でアジアの隣国との関係――中国や朝鮮半島の国々との関係の改善が意識されているようには全く見えない。むしろ中国や北朝鮮との敵対関係を意識して日米同盟を謳い上げることが意図されているのではないかと感じます。ここで「和解」というのは政治的な和解ですけれども、私が思い出すのはたとえば、1985年、レーガン大統領がコール首相の招きで西ドイツを訪問しドイツ軍の墓地に行って献花をしたことがありました。当時まだ冷戦の最中ですから、その最前線であった西ドイツで、第2次大戦で敵対して戦ったアメリカとドイツが和解をする。それによって西側の同盟、欧米の同盟が確固としていることを東側に対してアピールする。そういう意図があったわけですけれども、その行事の予定が発表された後に、両首脳が献花しに行くビットブルクのドイツ軍墓地に武装親衛隊（SS隊）の墓がいくつかあることが報じられた。ナチスの中でも一番恐れられた部隊、ナチスのナチス的な部分を象徴する親衛隊の若い兵士たちの墓に、ドイツ首相とアメリカ大統領が行って和解するのかと、大問題になったのです。政治的な和解には必ず何か表の意図と裏に隠されたもの、あるいは忘れられたものや置き去りにされるものがあるわけで、それが今回も鮮明に浮かび上がってきたように感じました。

——タイミング的にはその前日に、NHK特集で、撃沈されて海底に眠っている戦艦大和の番組が放映されました。別に狙ったわけではないんでしょうけど、実にタイミングよく流れました。そういう形で物事が動いています。アメリカと日本の和解というのは、今おっしゃったようにドイツとアメリカもあったわけですが、日米安保条約の歴史というか、長い間、日米パートナーシップと言ってきたので、改めて和解を必要とする関係なのか。それがかえって不思議に思います。やはりもう一度セレモニーをやっておくべきだと考えられたのでしょうか。

高橋　西ドイツにも米軍基地はあり、当時はミサイル配備に反対する反核運動が盛んでした。西ドイツとアメリカももちろん北大西洋条約機構（NATO）の中で同盟関係にありました。そういう中で、戦後40年近く経っていたけれども、あらためて同盟関係をアピールする。かつて戦い合ったもの同士が今は和解していると示すことで強固な同盟関係を誇示したいのでしょうね。

安保法制と改憲の現在

——次に安保法制と改憲問題を伺います。

高橋　このままいくと安倍内閣は戦後最長の内閣になります。憲法問題についてはこの間、憲法9条の外堀と内堀がどんどん埋められてきて、2015年の安保法制で明らかに大きな一線を越えたのではないか。そういう状況を憂慮しています。第一次安倍政権の時にすでに、教育基本法という憲法の理念を実現するための教育を行うために作られた基本法が改悪されました。憲法改正の準備として国民投票法も作られました。そこからすでに始まっています。第二次政権になってからはさらに積極的に戦後日本の解体を進めてきて、2015年7月には集団的自衛権を容認する閣議決定を行ない、その上でそれを法律に反映させるために、合わせて11本の法律からなる安全保障関連法を成立させました。これによって、これまで自民党政権がずっと維持してきた憲法解釈を超えた部分が明らかにあるわけです。だからこそ、歴代の法制局長官や最高裁判事までもが懸念を示すということが起きました。

——元法制局長官では阪田雅裕、大森政輔など、元最高裁判事では濱田邦夫、那須弘平が、それぞれ安保法制の内容や手続きに疑念を呈しました。

高橋　集団的自衛権については、安倍晋三、岡崎久彦の共著で『この国を守る決意』（扶桑社、2004年）という対談本があります。2004年ですから、まだ小泉内閣の時です。安倍晋三氏がポスト小泉を狙っていた時期ですが、こう言っています。日米同盟というのは軍事同盟である。軍事同盟というのは「血の同盟」である。お互いのために血を流すのが軍事同盟だけれども、しかし日米同盟はこれまでのところ片務的であって、アメリカの若者は日本のために血を流すけれども日本の若者はアメリカのために血を流さない。片務的であって双務的ではない。双務的にするためには、日本が集団的自衛権を行使できるようにしなければならない、と。安倍氏はここで日米同盟をお互いのために「血を流す」関係にしなければならないと言い、そして日本が集団的自衛権の行使を可能にすることはそのために必要なんだと明言しているのです。自分たちの責務はそれなのだ、と。彼の祖父である岸信介首相は1960年に、安保闘争という激しい反対運動に直面しながら、片務的だったものを少し双務的なほうに近づけた。そこに集団的自衛権の行使を加えることによって、本当に双務的な関係にするのだ、というわけです。

つまり集団的自衛権の行使を認めるというのは、安倍首相にとっては、首相になる前からの宿願であり、野心であった。今回、それを実現した。フルスペックの形ではないけれども、その突破口を開けたことになるわけです。

安保法制について、とても象徴的だと思うことがあります。前回お配りした資料に、2015年の共同通信による「戦後70年全国世論調査」の記事があります。それによると、憲法を変える必要があるかないか。護憲が60％で、改憲が30％。ダブルスコアで護憲が多いと。

これは最近の傾向でして、安倍政権の成立後、護憲が増える傾向にあるんですね。その中で安保法制反対運動が高揚した。この調査自体、安保法制反対の声が高まった2015年の5月、6月くらいの調査なんですね。しかし、同時に注目しなければならないのは、日米同盟の支持がどのくらいあるかです。日米同盟を強化すべきだというのが20%、維持すべきだというのが66%、合わせると86%が日米同盟を支持している。解消すべきだというのは2%しかない。ここに今の日本の世論のかたちが表れています。今、護憲派と言われる人びとのほとんどは日米同盟支持だということです。護憲派が6割いて、日米同盟解消派は2%しかいないんですから。

——ここに断絶とねじれが存在する。

高橋　安保法制反対の運動は盛り上がりましたが、集団的自衛権の問題だけでなく、根本的には日米安保体制の問題ではないかと発言したら、「今それを言うと運動が分裂するから言わないで」という反応が帰ってきた。「まずは集団的自衛権は行使できないというところにまで原状復帰しないと始まらない」ということなんですね。

日本国憲法の歴史認識

――日本国憲法の危機をいかにとらえるかです。危機と言えばずっと危機だったのですが、その中でもとりわけ深刻な状況になっている。そこで伺いたいのは、一つは日本国憲法前文の歴史認識の問題です。それが前提にないとまずいだろうと思います。それと現状、議論されているテーマとしては日本軍「慰安婦」問題です。問題があります。もう一つ特に2015年12月の日韓「合意」問題があります。もう一つ靖国神社問題があるので、そのあたりを導入にしながら、その危機に陥っている日本国憲法はどこが問題なのか。自民党政権なり、安倍首相なりのパーソナリティーの問題ではなくて、そもそも日本国憲法が抱えている問題点があったのではないかを確認したいと思います。

まず日本国憲法前文を少し確認する必要があります。日本国憲法にはもちろん戦争への反省が書かれています。それをいかに反省したのか。その反省の内実をどうとらえるのかを最初に

明らかにしたいという意味で、最初に日本国憲法を読みたいという意味です。日本国憲法前文にはいくつかの段落がありますが、政府の行為により再び戦争の惨禍を起こさないようにというフレーズがあり、それから諸国民との協調というフレーズがあり、それから恐怖からの自由を前段としてそのあとに平和の内に生きる権利がある。そういう文脈で書かれている前文ですね。これが日本国民が何をどう反省したものであったのかを示しています。当時の連合国（GHQ）の認識と、おそらくアジア諸国民の認識と、日本国民の認識にずれがあったのではないか。そんなことを少し考えたいということです。抽象的な言い方になりますけれど、とりあえず戦争への反省、平和主義、平和的生存権といった問題を高橋さんの言葉で語るとどうなるでしょうか。

高橋　憲法は本文の第1条以下では「法の言語」で語ることになるので、そこで歴史について物語るということはまずないわけですよね。歴史を語るとすれば前文で、前文にそれをどこまで書き込めるかということだったと思うのですが、実際は前文にも歴史を語っている部分はほとんどない。政府の行為によって二度と戦争の惨禍に陥らないようにすることは反省的な認識として語られています。そこにはたしかに、かつて戦争の惨禍を引き起こしてしまったことが含まれているわけですけれども、しかし歴史認識が十分に語られているとは言えません。私はこの前文は好きなので、「あの前文は悪文だから変えてしまえ」などという感覚の人とは違いますし、特に恐怖と欠乏から免れる権利、いわゆる平和的生存権の部分は先駆的で重要だと思っています。しかし歴史認識についていえば、かつて戦争の惨禍があったというだけで、植民地主義により周辺諸国を侵略したことについては沈黙しています。

もちろん戦争認識、戦争についての反省ということと、植民地支配についての認識、それの反省ということは無関係ではありません。戦争によって植民地を拡大して帝国主義国になったわけですから無関係ではない。加えて、植民地支配が成り立つためには、日常生活が行われている場面であっても、支配国の側が被支配者の抵抗とか、蜂起とか、そういうものを軍事的に抑えているという面があります。ですから韓国でも「強制占領」と言って、1910年から考えても35年間、実はずっと強制占領の状態、事実上の戦争状態だったという認識もありうるわけです。

ですから、日本の戦争と植民地支配は繋がっていたのですが、戦後しばらくの間はどうしても、アメリカとの戦争に負けたんだと、これだけでしたよね。それが次第に日中戦争、そして15年戦争になってきたわけですが、15年戦争というと満州事変からです。満州事変から日本はおかしくなったと批判する人は多いんですけれど、満州事変の時点ではすでに日本は戦争によって台湾や朝鮮を獲得して植民地帝国になっていたわけです。日本国憲法が大日本帝国憲法にとって替わったのだとしたら、帝国憲法とともにあった帝国の時代の植民地主義というものの認識を、植民地主義の反省を明示した前文であればよかったと思っています。

――日本国憲法制定過程と並行して植民地喪失過程があるわけですが、日本本土にいた国民にとってはその植民地喪失過程を経ずに済んだような状況がありました。非常に幸運な事態に出会ったわけです。旧満州とされた中国東北部や朝鮮半島から引き揚げてきた人たちにとっては、自分たちの苦しみとして記憶されているし、本土にいた人たちにとっては植民地喪失過程が見えない。自分たちの目の前で物事が進行していないので、そういう状況の中であの戦争への反省を語るときに、どうしても自分たちの苦労――被害と空襲被害と引き揚げの苦労、ここに焦点が当たる。そのために今おっしゃった植民地の問題が十分入っていない。そういう前文のものとの歴史認識をどうするのかということです。結局そのつけが後に1990年代の戦後補償問題の時に浮上してきます。日本軍「慰安婦」問題が典型的な戦争犯罪問題であると同時に植民地支配の問題でもあるからです。戦後補償運動は大変な努力をしてきたのですが、「慰安婦」は残念ながら解決どころか、混迷に陥っています。最新の状況は日韓「合意」です。高橋さんの見解を、すでに前田朗編『「慰安婦」問題・日韓合意を考える』(彩流社、2016年)に収録しています。

「慰安婦」問題の「最終的解決」とは

高橋　日韓「合意」は安倍政権と朴槿恵政権によるものですが、朴槿恵政権は今、大統領自身のスキャンダルで大揺れに揺れています。野党が政権を奪還した場合、日韓「合意」は果たして維持されるのかどうか。日本政府から見ればこれは「懸念」ということになるでしょうが、私は見直される可能性もあると思いますね。（編集部註・181頁参照）

今回の日韓「合意」は「最終的かつ不可逆的」なものだと言われていますが、これはちょっと恐ろしい表現ですね。歴史に深い傷を残した出来事——多くの被害者がいて、その関係者がいてという出来事について、政権と政権が合意しただけでいったい「最終的かつ不可逆的」な解決をしたなどと言えるのでしょうか。

「最終的解決」というとファイナル・ソリューション。「ユダヤ人問題の最終的解決」といえば、これはナチス・ドイツがユダヤ人絶滅政策を暗に指し示した言葉で、あまりにも連想がよくない。現在でもハルモニたちが正式な謝罪や賠償を要求しているにもかかわらず、政治の力によって強引に「最終的かつ不可逆的」な合意というのを作り上げようとした。とても暴力的な匂いのする「合意」だと感じています。

――この国では被害者を置き去りにすることが目立ちます。

高橋　被害者の人たちの頭越しに政府と政府が合意する。前回のテーマだった沖縄の基地問題でも、沖縄の人たちの民意を置き去りにして日米両政府で決めてしまうことが繰り返し行われてきましたよね。それと、日韓両政府の「合意」と言っていますけれども、内容を見ると日本政府の側が強い力でもって韓国政府の意向を抑え込んだのではないかと想像できます。そこに相変わらず日本と韓国の力の非対称性というか、ポストコロニアルな権力状況が存在しているように思います。

典型的なのは日本大使館前の「平和の少女像」の撤去要求です。日本政府が拠出金を支払うのは、「少女像」の撤去が前提条件であるかのように語られています。これは日本側が強硬に主張して、韓国の民意に反して韓国政府を屈服させた結果なのではないか。

――「平和の碑」、通称少女像は、日本側が責任を取らないために、韓国の中では次々と建てられていて、もう数十か所、韓国各地にあるそうです。アメリカ、カナダ、ヨーロッパでも建設運動があります。いくつかの地域では反対運動によって止まったりしていますが、最新のニュースでは中国の上海でもあれを建てるというのがあって、これに対して日本政府が中国政府にどうも横やりをいれたようで、中国政府からストップがかかったというニュースが流れています。裏で起きていることの真相はわかりませんが、アメリカの場合は住民である日本人が反対運動を起こしたという言い方になっていますが、どうもかなりの部分、日本政府が動いているようです。日本政府はアメリカでの工作に膨大な税金を使ってきました。具体的な中身はわからない、見えないので推測でしかありませんが。

靖国問題の諸側面

――「慰安婦」問題と靖国問題で、本来なら責任を問われるはずの日本のほうが攻勢に出ているという、そういう面がないでもないですが、この歴史認識、日本国憲法前文の歴史認識をどう読むのかということと、私たちがここにどういう歴史認識を盛り込んで考えるべきなのかということも含めて「慰安婦」問題と、靖国問題を並べてみます。日本国憲法前文のことも考えて靖国問題をどういう風に捉えたらいいでしょうか。

高橋　靖国神社をめぐる問題を靖国問題というなら、これにはいくつかの側面があります。一つの側面だけでは語れません。前田さんの問いは歴史認識と憲法に関わらせてということですが、言い換えると別の側面も持っているということですね。先ほどの本の中で安倍首相は次のように述べています。――靖国神社の問題は常に国家の問題を考えさせられる。私たちの自由など様々な権利を担保するものは最終的には国家です。国家が存続するために時として身の危険を冒してでも、命をなげうってでも守る人がいない限り国家は成り立ちません。その人の歩みを顕彰することを国家が放棄したら、誰が国のために汗や血を流すかということですね。国のために命をなげうって戦って、命を落とした人。そういう人たちの歩みを顕彰することを国家が放棄したら誰も国のために血を流す人がいなくなってしまう、と。

先ほど「血の同盟」としての軍事同盟の話をしましたが、ここにあるのはいわば「安全保障問題」としての靖国問題です。国を守るための防衛、国防のためには靖国のようなシステムで戦死者の顕彰を行わなければいけない。そういう考え方なんですね。

――稲田朋美前防衛大臣が、大臣になるさらに前の2005年、小泉政権時代に、小泉首相が参拝を繰り返していた時に産経新聞に書いた文章でも、靖国問題は安全保障問題だと言っています。

高橋　稲田前防衛大臣は、安倍首相以上に靖国問題は安全保障問題だと強調しています。首相の靖国参拝は安全保障問題である。ここに本質を見定め、矮小化した議論を排するべきだと言うのです。つまり、小泉首相は就任以来毎年欠かさず靖国神社に参拝してきた。これは個人の内心の問題ではなく、他国の侵略に対して我が国は血を流してでも守る覚悟であることを国内外に表明することであるという考えです。靖国問題にはこういう側面があります。明治以来、そういう側面を持っている。軍の神社であった靖国神社の「本質」に属することだろうと思います。

安全保障問題と宗教問題

——単に宗教問題ではない。

高橋　そうです。安全保障問題、軍事問題でもあるのです。もちろん宗教問題としての靖国問題もあります。靖国神社は神社ですから、神道という宗教の施設とされています。しかし神道は宗教なのか、宗教でないのか、という議論がずっとありました。今の宗教学者は神道は宗教だと考えると思いますが、歴史的に戦前、戦中は神道は宗教ではなく「国民道徳」だとされました。国家がこれを保護して国家神道と言われる体系を作っていた。その中で靖国神社は軍に直接かかわる神社として、別格官幣大社の地位を享受したわけです。

――別格官幣大社というのはわかりにくい言葉です。明治以後に、天皇制国家を再構築する過程で、神社を分類し、格付けをしました。まず、官社、民社（諸社）、無格社を分けて、官社の中で官弊社と国弊社を分ける。官弊社は全国の主要な神社や、天皇・皇族を祀る神社などです。北は北海道神宮から南は鹿児島神宮まで。沖縄には置かれませんでした。有名なところでは、明治神宮、熱田神宮、熊野速玉神社、上賀茂神社、平安神宮、春日大社、橿原神宮、出雲大社などがあります。他に樺太、台湾、朝鮮、扶余、関東、南洋（パラオ）などが置かれました。これらとは別に、天皇家に功績を挙げた忠臣や、そのために亡くなった兵士を祭神とする神社を別格と位置付けています。楠木正成を祀った湊川神社や、靖国神社ということになります。

高橋　戦後これが国家と切り離されて、民間の宗教法人になりました。今度は宗教法人ですから明らかに宗教として存続したわけです。そうするとこれに首相が参拝するのは、憲法20条の信教の自由に抵触するのではないか。政教分離の原則がありますから。憲法89条では宗教的行為に対して公金の支出を禁止しています。これらに反するのではないかという議論になります。

宗教問題としては、こうしたかたちで1960年代からずっと議論されてきたわけです。

――靖国問題は安全保障問題であるとともに、宗教問題である。

歴史認識問題としての靖国問題

高橋　その上で、歴史認識問題としての側面はどこにあるのか。靖国神社のなかには遊就館と呼ばれる施設があって、これが靖国神社の歩みを展示するという形で近代日本の戦争史を展示しています。そこでは近代日本の戦争、日本軍の戦争は基本的に自存自衛の戦争であって、アジア解放のための戦争だったと言いたげな、そういう展示がずっとなされてきているわけです。日本軍の戦死者を顕彰する、国のために尊い犠牲になった人を顕彰するためには、その戦争は間違った戦争であっては困るので、その戦争を正当化する。そういう歴史認識を靖国は備えているわけです。

――結局、大東亜戦争イデオロギーを正当化する。

高橋　先ほどの問題との関係で言えば、日清戦争の時からです。起源は戊辰戦争の時の官軍の戦死者を祀ったことにあります。そして日清戦争、日露戦争、つまり戦争をして台湾や朝鮮を植民地として領有し、植民地帝国になっていく。植民地支配を行っていく。その過程での日本側の戦死者を祀ってきたのです。そういう意味でも靖国神社の歴史は戦争の歴史と不可分であるだけでなく、植民地主義、植民地支配の歴史と不可分なのです。

——歴史認識問題であり、とりわけ植民地支配との関係が焦点となる。

高橋　植民地支配との結びつきを具体的に認識しておくことが重要です。植民地の軍事的支配のために死んだ日本側の死者が祀られているだけではありません。他方では、植民地化された地域からも日本軍の兵士をリクルートしたために、植民地出身の日本軍戦死者というものが生じて、この人たちが靖国神社に祀られてきたのです。台湾、朝鮮を中心に合わせて5万人くらいでしょうか。天皇のため、日本のために戦死したとして、朝鮮や台湾の人が日本国家のための尊い犠牲として靖国に祀られるわけです。植民地化され、植民地解放を闘ってきた民族の側から見れば、これは大変な屈辱です。1960年代くらいから、靖国神社への合祀の取り下げを求める要求が出てきました。にもかかわらず、靖国神社は植民地支配をしていた時代とほとんど変わらず、「当時は日本人だった。日本軍の兵士として戦って死んだのだから、祀られて当然」という考えで合祀取り下げを拒否しています。ここにも植民地支配と骨絡みになった靖国神社の思想が表れていると思います。

――靖国問題では、ちょうど2016年10月の終わりにソウルでシンポジウムがあって、私も参加してきました。その報告で私は、「合祀問題というのは、身体だけではなくて魂までも植民地主義のために利用するものだ」と指摘しておきました。

靖国問題には、一つは信教の自由の問題があり、もう一つは政教分離の問題があるんですが、歴史認識として見ると、日本国憲法前文と靖国問題という議論の仕方をしてこなかったような気がします。植民地問題を議論してこなかったのと同じように、日本国憲法前文の平和主義なり国際協調主義と靖国問題がどう絡むのか。それがまさに歴史認識として議論されるべきことなのではないかと思います。

高橋　国際協調主義ということからすれば、今触れた合祀問題もそうですし、首相や政治家の参拝問題にしてもそうですし、侵略され植民地支配を受けた国の人々は違和感を持つでしょうし、反対するでしょう。それを知りながらあえて反発されるようなことをしている靖国神社や日本の政治家たちは、国際協調主義に反していると言えるのではないでしょうか。安倍首相は第一次政権の時に、前任の小泉首相の参拝で日中・日韓関係がガタガタになっていたため、むしろ参拝しないで得点を稼いだ面がありました。ところが第二次政権になってからは、宿願である首相の靖国参拝をどうしてもやりたかったのでしょう、２０１３年の暮れ、就任1年目の報告だと言って靖国神社に参拝した。この時に、どういう反応があったかということです。

――日本内外で批判が出ました。中国、韓国が激しく反発したのは言うまでもありません。

高橋　日本国内や中国、韓国からの批判は、安倍首相としても想定内で十分かわせるだろうと思っていたでしょうが、それ以外にも台湾の前の国民党政権から批判されましたし、ロシアのラブロフ外相が批判的なコメントを出しましたし、ＥＵの外交関係者も批判的な反応をした。そしてなんといってもアメリカのオバマ政権から「失望した」というコメントが出て、安倍首相としてはこれらは想定外だったはずです。

オバマ政権は安倍首相には参拝しないように裏で働きかけてきたと言われています。それはいくつかの場面で見えたのですが、来日した国防長官と国務長官がそろって千鳥ヶ淵戦没者墓苑を訪問しましたね。「我々は靖国ではなくて千鳥ヶ淵に行くぞ」とアピールしたわけです。

ですからオバマ政権が苦々しく思うことはわかっていたはずなんですけれども、安倍首相は参拝したんですね。中国、韓国は言うまでもなく、日本の周辺関係諸国からそろって批判をされた。各国にはそれぞれの意図があるとも言えますけれども、いずれにせよこれはまったく国際協調主義に反しているだろうと思います。

東京裁判と靖国問題

——歴史認識、戦争認識の問題になりますので、日本国憲法前文だけではなくて、大西洋憲章、ポツダム宣言、日本国憲法、サンフランシスコ講和条約と流れてきた思想と靖国の思想がどこでどうぶつかるのか。遊就館の展示にも鮮明に表れていますが、靖国の存在そのものが前者の流れと抵触するというのが、必然なんだと思います。でもそれをやめないとなると、安倍政権としてはどこかにチャレンジしなきゃいけない。そのチャレンジする先が例えば東京裁判だったりする。そうなると結果的にアメリカともぶつからざるを得ない。そういうことになってきたのかなという印象です。

高橋　東京裁判と靖国問題との関わりであれば、A級戦犯合祀問題がありますね。東京裁判で有罪とされたA級戦犯の人たち14名が1978年に合祀されました。靖国神社の宮司もある時期まで「国民感情」を気にして祀らないようにしていたのですが、松平永芳氏が宮司になって変わったのです。それが1979年に明らかになった。しかしA級戦犯を合祀するということは、彼らを天皇のため国のために尊い犠牲になったとして顕彰することにほかなりません。これは東京裁判の思想に真っ向からぶつかる。ですから外交問題化するのは避けられません。中国、韓国はもちろん、最終的にはアメリカとも合わない。

――その意味で、冒頭に触れた真珠湾訪問ということになると、逆にその部分で安倍首相としては日米間の双務的な交渉が成立しうると考えている。広島訪問とパールハーバー訪問――そういう風に踏んで本当に日米のパートナーシップが築けると見込んでいるらしい。

高橋　どうでしょうね。本当に双務的なパートナーシップってどうなるのか。日本にこんなに米軍基地があるわけですから、アメリカにも同じように自衛隊基地を作るのでしょうかね。ありえないと思いますし、どうしても非対称的な部分は残ると思います。結局、自分たちがアメリカと対等な日本を取り戻したかのような表面的な印象を作り出そうとしているだけではないでしょうか。

あらためて国民主権を考える

――A級戦犯合祀では昭和天皇の靖国神社参拝が止まってしまいましたから、藪蛇だったというしかないでしょう。次に、国民主権の光と影について伺います。日本国憲法は、天皇主権の大日本帝国憲法と比べれば、国民主権ということで、大きな歴史の流れの中での民主化のプロセスを経ているわけです。ただそこで見失われてきた一つの問題が、「国民」はどうやって成立したのかという問題です。現在の日本国民の成立過程です。日本国憲法第10条は、憲法で三番目に短い条文だと思うんですが、「日本国民たる要件は、法律でこれを定める」。要するに何にも書いていないに等しい。これに基づいて国籍法が制定されていますが、実は国籍法などと言う前に、第10条ができる前の日に――公布はされていたのですが憲法施行の前の日に、そこから排除された人たちがいるわけです。今日のいわゆる在日朝鮮人、在日中国人です。在日朝鮮人を排除することで日本国民が成立したということにならざるを得ません。そのことを見ると、日本国憲法の国民主権というのは、光と同時に影があったと考えたほうがいいと思います。

高橋　全くおっしゃる通りで、私の認識も同じです。いわゆる帝国の時代には植民地があって、台湾、朝鮮だけではなく、旧満州はちょっとステータスが違うと思いますが、南洋群島とか樺太とかいろんなところが植民地だったわけです。そういうところの少数民族の人たちも含めて、大日本帝国と称した国は多民族国家だったと言えるわけです。皇国日本というイデオロギーからすると「純粋な日本人」の国でないとまずいのですが、戦争を繰り返して植民地を拡大していくにつれて、皮肉なことにいわゆる日本人（大和民族）でない民族の人たちがどんどん帝国の範囲内に入ってきて、多民族国家であると言わざるを得なくなった。

――最後には五族協和などと開き直る。

高橋　満州国の場合ですね。ところが、敗戦と同時に、そういう人たちを異質な存在として切り捨てていった。沖縄の人たちもサンフランシスコ講和条約第3条で切り離されたわけです。そういう意味で、異民族とされた人たち、力づくで帝国臣民に組み入れた他民族の人たちを一方的に切り捨てることによって初めて日本国民という概念が成立した。そういうことですよね。敗戦後の日本で日本国憲法の成立に寄与した、あるいはそれを支持したリベラリストたち――オールド・リベラリストなどとも言われる――たとえば南原繁なども、異質な存在を切り離すことによって純粋な日本というものが初めて成立するとはっきり書いています。南原繁の弟子、丸山真男も植民地問題について認識が甘かったことがしばしば指摘されていますが、そういうところは現憲法の成立を支持した人たちの認識も甘かった。まさに日本国憲法の国民概念というものに、戦後民主主義の問題点が表れていると思います。

——憲法前文は「日本国民は、正当に選挙された国会における代表者を通じて行動し、われらとわれらの子孫のために、諸国民との協和による成果と、わが国全土にわたつて自由のもたらす恵沢を確保し、政府の行為によつて再び戦争の惨禍が起ることのないやうにすることを決意し、ここに主権が国民に存することを宣言し、この憲法を確定する。」と始まります。いきなり登場する「日本国民」が誰のことかさっぱりわかりません。わからない人たちが「この憲法を確定する」と言っていて、憲法第10条で、国民の要件は法律で定める、という。実に不可思議なことが書いてあるのに、戦後の憲法学もこれをほとんど問わずに来たんですね。戦後民主主義の憲法学も、日本国民は自明の存在であるかの如く語っていて、実は歴史性が捨象されています。どこにも定義がない。一体この憲法の制定の主体である日本国民というのは誰であるのか。主権論の最も重要なこと

があいまいなまま、放置されてきました。ここをどう解釈したらよいのか、憲法学者が十分な議論をしないものですから、むしろ高橋さんに伺ったほうがいいのではないか。

高橋　いやいや（笑）。でも不思議ですね。結局どんな国でも国民国家という言い方はそれ自体の中に曖昧さを含んでいるのですが、近代市民革命後に成立した国家群を国民国家というのであれば、国民とは誰かということは、常に求められながらも曖昧にされてきたことがあると思います。いずれにしても法的に定めるしかない、線を引くしかないので、国家というものが国民国家として成立する限りは、どこかで国民と非国民とを恣意的に分けてしまう。そういう避けられないロジックになっていると思いますね。国民国家とは別の装置を見出せないうちは、そういうふうにして引かれる境界線を絶えず「それでいいのか」と問い直していくしかないと思います。

――国民国家がある意味で必然的なのは了解しても、いろんな国民概念を併用して使い分けるということが起きてきます。たぶんヨーロッパ諸国もそうだろうと思いますが、日本の場合それが顕著に表れるのが在日朝鮮人の処遇です。ある場合には国民概念の中に入れてみたり、ある場合には排除してみたり。多数派の国民にとって都合の良いように使い分ける。それが非常に鮮明なのは戦後補償――例えば日本軍の軍人軍属だった人の処遇、あるいはＢＣ級戦犯と呼ばれる人たちの処遇もそうです。国民年金の問題も改正前の段階ではそうだったわけで、実に多様な使い分けをします。

高橋　そうですね。元ＢＣ級戦犯の李鶴来《イ・ハンネ》さんのように、日本軍軍属として裁かれて巣鴨プリズンに入れられ、国籍を剥奪されてからもなかなか釈放されなかったのに、補償を要求すると日本国籍でないとして拒否され続ける。まさにそこに、境界線を引く主権権力の暴力が如実に表れています。

――どこに線を引くかではなくて、誰がどういう観点で線を引くかが重要だということですね。

高橋　もちろんそうだと思います。

――遡ると、大日本帝国憲法にも汝ら臣民が存在するんですが、やっぱり定義しません。第18条で「日本臣民タル要件ハ法律ノ定ムル所ニ依ル」とあって、全く同じです。だれが臣民であるかわからない。ですからやっぱり同じカテゴリーなのかなと思います。在日朝鮮人への差別、ヘイト・スピーチ、さらには先住民族のアイヌ民族についてとか、いろんな形でヘイトは起きますけど、やっぱりこの社会の最大の問題は在日朝鮮人、中国人の処遇です。かつて日本国民とされながら、のちに排除された人々に対する処遇。あるいは社会意識の問題です。

高橋　ヘイト・スピーチがああいう形で特に韓国、朝鮮の人を標的として表れたということもありますし、朝鮮学校が無償化から排除されたり、いろんな差別問題という形で現在も存在しています。それは政府や国家のレベルで法的にそういうものが操作されるだけではなく、ヘイト・スピーチという形で市民社会の中に顕在化したということからすると、これが戦後日本の中でも曖昧化されてきて、そういう差別がいつでも再起動させられるような、そういう状態に置かれてきたのではないかと私は思っています。同時にやはり、国民とされた人の中でも曖昧な線引きというのがあって、沖縄に対する大和の差別というのも、国民化した沖縄の人に対する差別ですね。その構造が否定できないところがあります。在日の人たちには日本国籍を取った人もいるわけですので、かつての植民地を切り離した結果、国民が成立したというよりも国民の中にもやはりある種の切れ目をいれようとする力が常に働くということですね。それに対してどう対抗していくか。

国民国家の原像

――日本の議論では、例えばフランスを一つの典型的な国民国家と見て議論してきたわけですが、近年で見るとフランスもそうではない。近代市民革命当時もそうだし、今日のフランスも実に多様でバラバラであると言われているそうですが。

高橋　この文脈でフランスが「バラバラ」であるというのは、いわゆるエスニシティーの意味でしょうか。史上最初の国民国家とされるフランス共和国を成立させた革命政府は、パリのフランス語を規範として周縁地域に徹底的に押しつけていったわけです。ですからフランス語は規範がはっきりしていると言われるのですが、大きく言えば北フランスと南フランスで差異があります。南フランスはもともとオック語の領域だったし、バスクの言葉とか、ブルターニュのブルトン語とか、事実上ドイツ語の方言であるアルザス語とか、さまざまな言語が話されていたわけですね。フランス語、フランス国民、フランス国家という三位一体があるかのように語られてきたけれども、実はそうではない。バラバラだったからこそ「一にして不可分」のフランスが強調されねばならなかったとも言えるでしょう。

ＥＵ統合が進む中で、むしろこうした少数言語を復元させようという動きが強まりました。

イギリスではスコットランドの独立、スペインではカタルーニャの独立が問題になっています。そう思ってみれば、スイスは4つの言語地域、ベルギーは2つの言語地域からなっているし、イタリアだって地域差は大きい。つまり実際には、国家と国民と言語の関係は決して三位一体にはなっていない。それが一体だというのは「想像の共同体」という近代的な仮構だったと言えるんじゃないでしょうか。

――理念だったということでしょうか。その意味では日本だけではない。むしろそのほうが普遍的であると考えてよいのかもしれません。

高橋　普遍的と言うか、一般的ですよね。

――その中で日本の国民概念の特殊性を考えるとどうなるでしょうか。

高橋　さっき出た言葉で重要なのは「自明性」だと思うんです。つゆ疑いもせずに当たり前のように、私は日本人、あなたも日本人というのがあって、「日本人」なるものが歴史的に様々な形で作られてきたということの意識がきわめて薄い。

――授業で「日本国民は手を挙げてください」というと大半の学生が挙手します。続いて「自分が日本国民だと証明できる人」というとほとんど手が上がりません。少数の学生が「パスポート持っています」と気づきますが。

高橋　アメリカ国民というのは完全に作られているわけですね。これは非常によくわかる。フランス国民だって作られている。そういう意味では日本にヨーロッパで比較的近いのはドイツと言われていたわけですが、ドイツも今では移民大国ですから多様な人がいます。

――ナチス・ドイツの時は「血と大地」ですよね。日本もそこは似たようなものです。今のドイツは変わっていますが。

高橋　「血と大地」というとナチズムのイデオロギーでおどろおどろしい感じがありますが、たとえば哲学者のアガンベンは、これはもともとローマ法以来の「血統に基づく権利」と「土地に基づく権利」に対応しているので、ファシズム体制に特有のこととはいえないと言っています。しばしば議論されてきたのは、フランス的な国民概念は「土地の権利」に基づいていると。フランスに移民してきた人びとはさまざまな民族的出自をもつけれど、どんな民族的出自であっても、フランスの地で生まれた子どもはフランス人になる、あるいはなることができる。それに対してドイツは長らく血統主義でした。ドイツ人から生まれた子がドイツ人であるというのが基本。外から来た人の子はドイツで生まれても直ちにドイツ人とはみなさない。逆にドイツから外に出て行った人はいつまでも潜在的にドイツ人と見なされる。おおよそこんなふうに、フランス的な国民概念とドイツ的な国民概念が対比されてきたのですね。フランス的な国民概念を定義したのはエルネスト・ルナンの『国民とは何か』という演説で、ドイツ的な国民概念はフィヒテの『ドイツ国民に告ぐ』が典型的だと。ただ、私自身は両方とも分析していくと結局——実は靖国問題とも関わるのですが——祖国のために命をささげる、自らを犠牲にする覚悟があるかどうかということが、どちらの場合にも近代的な国民概念の共通の基盤になっているのではないかと考えています。これは法的にはなかなか表現できないのですが、実は根底にはそういうことがあるのではないかと思っています。

——1940年代に法律の世界では「日本法理」という運動が起きています。『国体の本義』をもとに日本とは何か、日本人とは何かと一所懸命説明しているんです（前田朗「侵略の刑法学」『ジェノサイド論』青木書店、2002年参照）。ところが説明は見事に空転していて、いくら読んでもわからないんです。理論的にはわからない。わからないんだけど、最後には「日本人ならわかるでしょう」となる。やっぱりそうなんだ、と。それがさっきの自明性のところなんですね。ある種、お互いにわかっているから説明せずに済むし、逆に説明しようとしてわからなくなれば「わかるでしょう」と。ですから、「わからない人たちは日本人じゃない」ということに逆転する。「わからない人たち」は、日本人の血を引いていても「非国民」であるということになる。

高橋　本当にそうですよね。中国は圧倒的に「漢民族」の人が多いですが、少数民族ものすごい数あるわけですね。「中華民族」と言っていますが、それって何だろうと思って中国人留学生に聞いても「う〜ん」。説明できないとよく言われます。韓国は日本に近い「自明性」が強い国と言えるかもしれません。

――韓国の場合、アイヌ民族や在日朝鮮人に相当するような人たちはいません。人種差別問題については、韓国でも、いわゆる外国人労働者、移住者、この人たちに対する差別が問題になっていますが、朝鮮半島は基本的には朝鮮民族ですね。

高橋　そのようですね。

――日本も韓国も、かなり「幻想の共同体」にはまりやすい、そういう状況にあるように思います。

高橋　似ているところがありますね。

「平和のための新9条論」をどう見るか

――次に、憲法9条の「原点と現点」について伺いますが、今、「平和のための新9条論」が登場しています。例えば『東京新聞』２０１６年10月14日の「平和のための新9条論」という記事です。９条の「現点」にかかわりますが、今の問題としてこの新9条論を見ながら、本来の9条との距離や、あるいは安倍政権の政策との距離を測ることができると思います。

高橋　安倍政権と自民党はやはり最終的に集団的自衛権の行使ができるような憲法に変えたいと、明文上も改憲をしたいと動いていますね。つまるところ憲法9条の改正が問題になるわけですが、安倍自民党はその点ではすでに憲法改正草案を出しているわけで、その中身が問題です。正式に「国防軍」を創設して集団的自衛権をフルスペックで認める。天皇を元首化するとか人権を制約しやすくするとか全体として復古的。ですから野党はこれを材料にして批判したいと考えているようです。

ところが安倍政権の側ではこの草案ではなく、前の「新憲法草案」に近い線で行こうとしているようです。2004年に自民党が公表した「新憲法草案」はその後の「日本国憲法改正草案」ほど復古的ではなかったのです。たとえば9条は「国防軍」ではなく「自衛軍」となっていましたし、「長い歴史と固有の文化を持つ天皇を戴く国家」という前文の表現もありませんでした。日本国憲法改正草案があまりにも評判が悪いので、これを掲げて改憲をやるとかえって不利だと考える人たちが、前の「新憲法草案」で行こうと言っているようなのです。

ただどちらにしても、他の政党が自民党の改憲案を丸ごと呑むなんてことはないわけで、結局条文ごとの問題になります。最後は9条の問題ですから、9条の条文について改憲派からどんなものが出てくるのか。現実的には自民党も自衛隊を明文で合憲化する点に絞ってくるのではないか。実はこれはリベラル側が「平和のための新9条論」で考えていることと、ある意味では重なるのです。新9条論の人たちは、「安保法制を許してしまったのは憲法に集団的自衛権を禁止する明文がない、9条が曖昧だからだ」と言いますね。解釈の余地を与えないような

9条にすべきだといって、個別的自衛権の行使に限って自衛隊を合憲化しようというわけです。米軍基地問題を考えて、外国軍の駐留禁止、あるいは駐留に民主的な条件を課すことを盛り込む案もある。

安倍政権は、現行9条を大幅に変えて国防軍や軍事裁判所をつくるなどといってもすぐには抵抗が強すぎてダメだろうから、とりあえず自衛隊を合憲化しようと。それに対して「新9条論」は、集団的自衛権行使を認めない点では安倍政権と違いますが、しかし自衛隊は合憲化しようと。つまり自衛隊を合憲化するというところで、改憲派と護憲派がつながる可能性があるということです。私はかなり危うい議論だと思いますね。

——自民党改憲草案と具体的に比較すると、わかりやすいと思います。日本国憲法改正草案には第9条と第9条の2があります。第9条の2が今おっしゃった国防軍です。つまり自民党はこの段階では取れるものは全部取るという形で9条改正案を挙げているわけです。それとの関係で「新しい9条論」はそうではない歯止めをかけるという趣旨ということになっています。

安倍政権側は改憲草案と、そこまで行くまでの段階で閣議決定、それから集団的自衛権・安保法制とやってきたわけですが、その様子を見て、何とか止めなければいけないと思った一部の護憲派が「新しい9条論」というのを出した。しかしそれはある種、自民党側が読んでいるラインと合ってしまうのではないか、そういう危惧があります。

高橋　まさにそういうことなんです。まずは最低限、自衛隊を合憲化することに絞って自民党が出てきた場合、「安倍化」する以前のかつての自民党が言っていた地点に戻るだけとも言える。かつての自民党と同じような構想――安保法制が存在する現在と全く同じとは言いませんが――まで、今リベラル派が後退している。そういう印象が拭えないですね。ただ難しいのは日米同盟支持が８割、９割といいますけど、自衛隊についてもこれを合憲とみなす人が圧倒的多数だろうということです。いわゆる民意としては。そういう状況の中で、現在の９条で自衛隊を合憲というのはやっぱり無理があるとなった場合に、どう対抗するのかという問題です。問題としてこれを今考えておかないといけない。以前の国会で稲田朋美議員が質問をしていましたが、憲法学界では、自衛隊違憲論がまだ多数派なのでしょうか。

――それが正確にはわからないんです。日本公法学会、全国憲法研究会、憲法理論研究会という学会になりますが、公法学会には憲法学者だけではなく、行政法学者とかその他さまざまな学者が入っているのでわからないんですね。ただ、９条について積極的に意見表明している憲法学者を見れば、あるいは教科書レベルで見ても、自衛隊違憲論のほうがまだ強いということは言えますね。それでも自衛隊合憲論がずいぶん増えたように思いますし、何より憲法学者なのにこの問題では発言しない人が実に多いんです。

高橋　稲田氏は、憲法学界、憲法学者たちの中で自衛隊違憲説が強いので、それなら憲法を変えるべきではないかと言うわけです。自衛隊を認める国民が圧倒的多数なのだから、それに合わせて憲法を変えるべきではないかと。集団的自衛権については憲法学者がいくら批判しても解釈を決めるのは憲法学者じゃないと言っておきながら、自衛隊の問題になると憲法学者はみな違憲と言っているから憲法を変えるべきだという。

――その場しのぎでご都合主義的なロジックを使う。安倍首相の場合も、改憲を打ち上げたものの、改憲が難しいとなると9条解釈改憲のほうに持っていったり、それが難しいとなると閣議決定に持っていったり、他方で3分の2で改憲を2分の1にしたいとか、あらゆる手段を投入して改憲をしようとしてきました。なりふり構わぬというか、見境ないというか、論理などどうでもいいんですね。ですから、我々としてはどこに焦点を絞って議論していくのが良いのか、混乱してきたというところです。

前回のインタヴューとのつながりですが、今の新9条論も含めて、議会レベルに受け皿がない。護憲派ないしリベラル派と呼ばれる側の分裂なり、揺れ動きなりという形で結局、受け皿がない問題になってしまっているということが出ました。

高橋　そうですね。私はこの問題については現行の9条を維持すべきだと思っています。自民党案は要するに何を目指しているかというと、もちろん自衛隊を合憲化するのですが、集団的自衛権も十全に行使できる国防軍にする。そして現行の第2項を削除して、戦争放棄したからといって「自衛権の発動は妨げられない」と書く。この「自衛権」は当然、個別的および集団的自衛権という意味です。集団的自衛権を含めないのであれば現9条でもいいわけですから。集団的自衛権も発動できるようにするために9条を変えようとしている。ですから2004年段階での、まだ首相になる前の安倍首相の考え、つまり我々の目標は集団的自衛権の行使を可能にすることなのだと。日米同盟を双務的なものに近づけて、「血の同盟」として確立するのだと。その考えに合致した改正案になっているのだろうと思います。閣議決定で集団的自衛権の行使を解禁し、安保法制を成立させたということは、やはり大きな一線を越えたわけです。

——新9条論は、安倍改憲路線に反対すると言っているようですが。

高橋　私は説得されませんね。個別的自衛権の行使のみ認める、専守防衛と9条に書きこむと言うのですが、今日までまさにそうした憲法解釈のもとで、専守防衛だ専守防衛だと言いながら、自衛隊がどんどん増強されてきたわけです。ですから個別的自衛権のみ認めると9条に書いたとしても、それ自体で歯止めになるとは全く思えないのです。「専守防衛の範囲内」だと言って世界有数の武装組織にまで増強してきたわけですから、「敵の攻撃に備えるためにもっと充実した装備を」となって、核武装論まで勢いづけてしまいかねない。実際、日本政府も「防衛目的のためであれば」核兵器さえ憲法が禁じているとは言えないという見解ですね。比較考量すれば、現行9条を維持することによって政治家に対してより強い軍備縮小の圧力がかかっている状態を維持するほうがよいだろうと思うのです。

新9条論者の中には「外国軍の駐留を認めない」という趣旨の条文を入れようとする人たちもいますね。フィリピンがそういう憲法改正をして、アメリカ軍をいったんは追い出した。それに倣えば出来ないことはないのだと。日本から米軍を撤退させて専守防衛の自衛隊だけでやるのだと。

――外国軍の駐留禁止を、いまの日本が憲法に書けるでしょうか。

高橋　外国軍の駐留禁止を憲法に書き込めるのであれば、日米安保条約を解消することができるはずですね。米軍を撤退させる憲法改正に賛成する民意があれば、９条を維持したままで、安保条約第６条に従って安保を解消する政権を作ることができるはずです。それなら、９条改悪につながりかねない改憲などする必要がない。

　現行の９条を維持しつつ日米安保条約の解消に向けて、様々な条件を整えていく。その過程で９条は日本政府に対しては軍備拡大の歯止めになっていく。もちろん９条自体が歯止めになるわけではなく、９条を守らせようとする主権者の意思が歯止めを作るわけなので、これがないとどうしようもないですけどね。現行９条を規範として維持し、それによって政治家を軍縮に向かわせる圧力をかけると同時に、周辺のアジア諸国との間に信頼関係を醸成していく基礎とする。安保体制の解消という目標に近づいていくためには、さまざまな条件を満たさなければならないのですが、日本国民の民意を作るだけではだめで、周辺諸国との間に信頼関係を作らなければいけない。そのためにも９条を維持したままで行くほうが賢明であろうと思いますね。

――新９条論は「解釈の余地がない条文にする」という言い方をしていますが、情報を書き込めば書き込むほど解釈の余地は必然的に増えるんです。新９条論者は「解釈」という言葉の初歩的意味がおそらくわかっていない。どんなに厳密に定義したつもりでも、条項が増えれば増えるほど、言葉が増えれば増えるほど、解釈の可能性はどんどん増えて行きます。むしろ危険だと直感的に思うはずなのです。それをなぜこういう説明の仕方で納得されるのかわからないところがあります。

平和への権利を求めて

――最後になりますが、国連総会で「平和への権利国連宣言」が採択されました。これは2006年からずっと議論してきたのですが、国連人権理事会で何度も何度も議論して草案を作ってきました。そして2016年6月の人権理事会でいよいよこれは国連総会に出すということが決まりました。そして10月に国連総会に出されて、11月18日に国連第三委員会、12月16日に国連総会で採択されました。平和への権利国連宣言で、平和への権利（right to peace）という言葉になっています。先頭に立ったのはキューバやコスタリカ、いわゆる第三世界の国々です。これに反対したのがアメリカ、フランス、日本です。日本政府は反対投票をしました。何しろ日本政府は国連で核兵器廃絶条約を作るための議論を始めることに反対しました（後に2017年7月、核兵器禁止条約自体に反対しました）。平和への権利宣言にも反対投票です。

これが日本政府なのです。さて、私の関心としては憲法9条の理念の世界化、普遍化というテーマと、この平和への権利国連宣言――これをつなげようと考えているのですが。

高橋　「平和への権利」については以前うかがったことがあったのですが、そこまで来ていたことは承知していませんでした。前田さんの示唆はとても重要だと感じますね。おっしゃるところの「平和への権利」は、日本国憲法前文で謳われている「平和的生存権」に近いのではないでしょうか。その意味では日本国憲法の平和主義が国際的な次元に普遍化されていく一つのきっかけになるのではないか。今はとにかくできることを全てやらないと追いつきませんね。

――平和への権利運動はスペインのNGOが始めて、私たちは2007年に出会って、日本もやりますということで、日本の弁護士、研究者にも協力をいただいてスペイン、日本、スイス、イタリアなどの法律家が中心で動いていて、政府としてはキューバやコスタリカが頑張ってきました。ただアメリカ、EU、日本が反対をしてきた。多数決をすれば容易に成立するんです。ただ、アメリカやEU抜きで作って、それが国際文書としてどれだけの意味を持ちうるのかという議論を続けました。むしろそれだったら断念したほうがいいのかとか。いろんな議論が出てきたものですから、ともかく作って次のステップにつなげたいというのが私たちの意見でした。先ほどの議論でいうと、9条を支え平和を願う人々の力で何とか歯止めをかける。そのための素材は9条だけではなく、他にも沢山あったほうがいいという単純な理由で私はやっています。

高橋　今日は憲法問題を中心に議論してきましたが、安保法制をめぐる議論の中で「立憲主義」という言葉が広く知られるようになりましたね。憲法は権力者の恣意的な権力行使を許さないためにあるのだと。今日の文脈でいうと、政府の軍拡の欲望にいかに歯止めをかけるか。現状は憲法がどこにあるのかわからないような状態ですね。憲法はどこにあるのでしょうか。憲法が権力者に対する歯止めの意味を持つためには、主権者である国民が政治的なパワーをもたなければならない。主権者が政府に憲法を守らせるという、その力がなければ、いくら憲法があっても絵に描いた餅で、

立憲主義自体が成り立たない。立憲主義が成り立つためには主権者人民のパワーが発揮される必要がある。ピープルズ・パワーすなわちデモクラシー（民主主義）です。もちろん主権者人民が暴走する可能性もあるので、立憲主義にはそれに一定の歯止めをかける意味もある。立憲主義のためにはデモクラシーが必要であり、デモクラシーのためには立憲主義が必要である。そんなふうに思います。

――日本の平和運動、護憲運動が歴史的にそれなりの努力をしてきたし、国際社会に向けて、広島長崎も含めて平和への願いを情報発信をしてきたにも関わらず、現状に立ち至っている。それを私たちはどのようにしてもう一回立て直していくのか。

高橋　どう立て直すか、容易ではありませんね。最初に憂慮に堪えないと言いましたが、どうしてここに立ち至ってしまったのか。安倍政権の支持率はなお6割と言われていますし、野党はあまりにも非力ですし、大衆運動もなかなか成立しないという状況の中でどうしたら良いのか。まずは一人一人私たちが何を大事にしようとするのか、その意思をはっきりさせることが、当たり前のようですけど出発点になるのではないかと思います。

ありがとうございました。最後に、憲法9条の歌を聴いてもらいます。いなむら一志の「Kempo No.9」です。いなむら一志は札幌（夕張出身）のミュージャンで、長い活動歴があります。飲み友達だったのですが、残念なことに2014年に亡くなりました。元札幌市長で弁護士の上田文雄さんたちと憲法9条のロックバージョンを作って歌ってきました。ジョン・レノンに捧げたアルバム『イマジン』から「Kempo No.9」をお聞きください。

*編集部注（146頁）

（2016年、韓国では朴槿恵政権に対する抗議デモが全土で5ヶ月以上にわたって100万人規模で繰り広げられた。2016年12月9日、朴槿恵氏は弾劾により大統領職を罷免。2017年5月の大統領選で文在寅氏が大統領に就任。新政権は日韓「合意」の検証を行い、「合意の交渉過程で被害者を中心に考えるアプローチが十分に取られていなかった」としたうえで、「加害者である日本政府が『終わった』と言ってはならない。韓国政府は合意の見直しや再交渉要求は見送っているが、日本側が自主的に『真の謝罪』を行うことを期待している」と表明している）

おわりに

本書は平和力フォーラムが主催して行った次の3回の公開インタヴューの記録です。

平和力フォーラム横浜・第3弾連続インタビュー講座
「時代に挑む思考――高橋哲哉氏に聞く」スペースオルタ（新横浜）
第1回　フクシマ――3・11以後をあらためて考える（2016年10月21日）
第2回　日本問題としての沖縄米軍基地（2016年11月11日）
第3回　日本国憲法の行方――歴史認識から未来志向まで（2016年12月6日）

インタヴュアーは前田朗が勤めました。インタヴュー後に会場からの質疑応答を行いましたが、その記録を収めることはできていません。

なお、本書収録に当たって、2017年度末までの情報を元に、若干の加筆訂正を行いました。

＊　　＊

本書の「はじめに」で述べたように、さまざまな意味で時代の転換期を生きる私たちですが、こうした時期には、予想もしなかった出来事が相次ぎ、事態があっという間に反転し、認識も対応策も次々と変遷を重ねます。誰もが事態の急展開に驚き呆れながら、右往左往させられがちです。

こうした時代だからこそ、立ち止まってじっくりと現実に向き合い、歴史の中に位置づけ、原則論的に見直していくことが求められます。その場その場の判断を急ぎ、付け焼刃でその場しのぎの対応を繰り返していると、市民運動や平和運動にとって重要な足場を失うことになりかねません。

インタヴュー後の状況については本文にも若干加筆しましたが、いくつかここで補足しておきたいと思います。

深刻な福島原発事故であったにもかかわらず、政府は被災者・避難者に対する切り捨て政策を取り、東電は責任逃れに終始してきました。

2017年3月いっぱいで自主避難者への住宅支援が打ち切りとなり、多くの自主避難者がふたたび「棄民」されました。電力会社は原発の再稼働を図り、原子力規制委員会はまともな審査もしないまま再稼働の許可を乱発しています。

政府は自然エネルギーの発展を妨害するかの如く、原発をベースロード電源などと称し、おまけに原発輸出に励む有様です。

2017年には被災者が提起した3つの訴訟の判決が出ました。前橋地裁、千葉地裁、福島地裁の判決は、被災者の願いに応えるものとはなっていません。

2017年3月17日の前橋地裁判決は、福島第一原発事故のため群馬県に避難した住民ら45世帯137人が東電と国に約15億円の損害賠償を求めた訴訟で、「東電は巨大津波を予見しており、事故は防げた」と判断し、東電と国に3855万円の支払いを命じる判決を言い渡しました。原発の津波対策をめぐる訴訟で国と東電の過失が認められたのはこれが初めてです。国の賠償責任を認めたことは極めて大きな意味がありますが、一人あたりの賠償額は低めに抑えられています。

2017年9月22日、千葉地裁判決は原告らの訴えにあまり耳を貸しませんでした。東電の賠償責任を認めたものの賠償額は極めて低額でしたし、国の責任を否定したのです。そして、2017年10月10日、生業を返せという声に福島地裁はかろうじて応答したものの、被災者の救済の途は明瞭には見えてきません。

2018年2月7日の東京地裁判決は、福島県南相馬市小高区（旧小高町）の住民ら321人が故郷の暮らしを奪われて精神的苦痛を受けたと認定して、318人に計約11億円の支払いを命じました。故郷に生きる利益の侵害を認め、東電が国の指針に基づいて支払っている慰謝料を上回る賠償を認めたもので、賠償総額は過去最高です。しかし、原告が裁判官に求めた現地視察は実現せず、認定額は請求額の約10分の1にとどまりました。原告らは「小高の実態を把握した上で、血の通った判断をしてくれたのか疑問だ」と納得のいかない表情をみせました。他方、検察による不起訴決定に対して、検察審査会の起訴決定が出た東電の刑事責任を追及する刑事裁判が、2017年6月30日、ようやく東京地裁で始まりました。刑事裁判において東電の意図的不作為による事故被害の拡大が立証されようとしています。

沖縄に対する米軍基地押しつけも犯罪的な極限に達しています。辺野古や高江での基地建設強行、反対者への暴力的弾圧、報復措置としての長期勾留、「土人発言」に代表される沖縄差別、オスプレイ墜落（不時着）、米兵不祥事の数々。2018年は、ヘリコプター（部品）の住宅地への落下事故から始まりました。日本政府は米軍に申し入れをしていると言いますが、まったく実効性がありません。ろくに事故原因の調査もしないままに住宅地上空の飛行を再開しているのが実情です。

日本政府はいまだに地位協定の見直しさえ提案しようとしません。文字通り「属国」です。現状への抵抗は、本土における基地引取論、琉球における「琉球独立論」、東アジア共同体・沖縄（琉球）研究会の発足など、多様に取り組まれていますが、現場で基地建設を許さないための闘いがいっそう重要になっています。

改憲問題は、2018年の幕開けとともに具体的で喫緊の課題となりました。

安倍政権は改憲を呼号し、自民党内で条文づくり作業が本格化しています。マスコミも改憲を既定事実であるかのように報道する例さえ見られます。憲法改悪に反対する政治勢力として立憲民主党、日本共産党、社会民主党などがありますが、野党の足並みがそろっているわけではありません。

もっとも、森友学園事件の財務省記録改ざん問題が浮上したため、政治状況が大きく変動して先行きは不透明になっています。2017年から政治問題となっている森友・加計問題は、安倍政権による『国家の私物化』問題であることが明らかになり、政権内部からも不協和音が聞こえるようになりました。

護憲運動は、改憲発議を許さないため3000万人署名運動を始めました。特定秘密保護法、集団的自衛権閣議決定、安保法制、共謀罪と、安倍政権が強行してきた対米追随と「戦争をする国づくり」の総仕上げが改憲問題に集約されます。

2018年の明治維新150周年、2019年の天皇代替わり、2020年の東京オリンピックを奇貨としてナショナリズムを煽りながら改憲を目論む動きに対抗し、民主的で平和主義的な護憲運動を活性化させることが喫緊の課題です。
最後になりますが、連続インタヴューの企画と実施にご協力いただいたスペースオルタの佐藤真起さん、協賛していただいた市民セクター政策機構および福島原発かながわ訴訟を支援する会のみなさんに感謝いたします。

2018年2月11日

前田朗

<著者プロフィール>

◎ 高橋　哲哉（たかはし・てつや）

1956年福島県生れ。東京大学教養学部教養学科フランス分科卒業。現在、東京大学大学院総合文化研究科（教養学部）教授。著書に『記憶のエチカ』『歴史/修正主義』（以上、岩波書店）『「心」と戦争』（晶文社）『証言のポリティクス』（未來社）『デリダ』『戦後責任論』『教育と国家』（以上、講談社）『反哲学入門』（白澤社）『靖国問題』（ちくま新書）『国家と犠牲』（NHKブックス）『犠牲のシステム　福島・沖縄』『沖縄の米軍基地「県外移設」を考える』（以上、集英社新書）『断絶の世紀　証言の時代』（徐京植との共著、岩波書店）『いのちと責任』（高史明との共著、大月書店）『憲法のポリティカ』（岡野八代との共著、白澤社）『流砂のなかで』（辺見庸との共著、河出書房新社）ほか多数。

◎ 前田　朗（まえだ・あきら）

1955年札幌市生れ。東京造形大学教授、朝鮮大学校講師、日本民主法律家協会理事、東アジア共同体・沖縄（琉球）研究会共同副代表。主な著書に『増補新版ヘイト・クライム』『ヘイト・スピーチ法研究序説』『黙秘権と取調拒否権』（以上三一書房）『旅する平和学』（彩流社）『パロディのパロディ——井上ひさし再入門』（耕文社）、共著に『原発民衆法廷①②③④』『領土とナショナリズム』『闘う平和学』『なぜ、いまヘイト・スピーチなのか』『「慰安婦」問題の現在』『ヘイト・クライムと植民地主義』（三一書房）『２１世紀のグローバル・ファシズム』（耕文社）等。

思想はいまなにを語るべきか　福島・沖縄・憲法

2018年5月16日　　第1版 第1刷発行
著　者―― 高橋 哲哉 © 2018年
　　　　　前田　 朗 © 2018年
発行者―― 小番 伊佐夫
装丁組版― Salt Peanuts
印刷製本― 中央精版印刷
発行所―― 株式会社 三一書房
〒101-0051
東京都千代田区神田神保町3－1－6
☎ 03-6268-9714
振替 00190-3-708251
Mail: info@31shobo.com
URL: http://31shobo.com/

ISBN978-4-380-18006-4　C0036　Printed in Japan
乱丁・落丁本はおとりかえいたします。
購入書店名を明記の上、三一書房までお送りください。

JPCA
日本出版著作権協会
http://www.jpca.jp.net/

本書は日本出版著作権協会（JPCA）が委託管理する著作物です。
複写（コピー）・複製、その他著作物の利用については、事前に
日本出版著作権協会（電話03-3812-9424, info@jpca.jp.net）の
許諾を得てください。

『原発民衆法廷②』4・15 大阪公判

— 関電・大飯、美浜、高浜と四電・伊方の再稼働を問う —

Ａ５判　ソフトカバー　134 P　ISBN978-4-380-12801-1　本体 1000 円

●証人　山崎久隆・山崎隆敏
●判事　鵜飼哲・岡野八代・田中利幸・前田　朗
●代理人　井戸謙一・上杉崇子・河村健夫・田部知江子・金南湜・深井剛志
●アミカスキュリエ　井堀哲

『原発民衆法廷③』5・20 郡山公判

— 福島事故は犯罪だ！　東電・政府、有罪！ —

Ａ５判　ソフトカバー　128 P　ISBN978-4-380-12802-8　本体 1000 円

●証人　佐藤武光・山本英彦
●判事　鵜飼哲・岡野八代・田中利幸・前田朗
●検事団　河合弘之・田部知江子・中川重徳・上杉崇子・河村健夫・深井剛志
●アミカスキュリエ　張界満・井堀哲・長谷川直彦

『原発民衆法廷④』6・１７大阪公判

— 原発は憲法違反だ！　日本に原発は許されない —

Ａ５判　ソフトカバー　128 P　ISBN978-4-380-12802-8　本体 1000 円

●証人　明石昇二郎・澤野義一
●判事　鵜飼哲・岡野八代・田中利幸・前田　朗
●代理人　井戸謙一・上杉崇子・大山勇一・河村健夫・田部知江子・金南湜・深井剛志
●アミカスキュリエ　井堀哲・長谷川直彦

さんいちブックレット

原発民衆法廷　原発を問う民衆法廷実行委員会編

これまでの民衆法廷と異なる点は、戦争が対象ではなく、追及すべき対象は広範囲にわたり、しかも責任を負うべき人物の多くが加害者ではなく、被害者のように振る舞っていることです…

この民衆法廷が取り上げるべき問題は膨大で、多岐にわたることでありましょう。これらの問題を根本的に解明し、核兵器と原発のない世界を創り出すためには、多くの人の知恵と力の結集が必要です。

どうか皆さんの友人、知人を誘って、この民衆法廷に知恵を、力を集めてください。民衆法廷の開廷にあたり心からお願い致します。

『原発民衆法廷①』2・25 東京公判

―福島事故は犯罪だ！　東電・政府の刑事責任を問う―

A５判　ソフトカバー　128 P　ISBN978-4-380-12800-4　本体 1000 円

●被告　菅　直人（前内閣総理大臣）
枝野幸男（前内閣官房長官）
海江田万里（前経済産業大臣）
東京電力株式会社（代表取締役社長　西澤俊夫）
勝俣恒久（東京電力株式会社　取締役会長）
清水正孝（東京電力株式会社　前取締役社長）
武藤　栄（東京電力株式会社　前取締役副社長）
班目春樹（原子力安全委員会委員長）
寺坂信昭（前原子力安全・保安院院長）
近藤駿介（原子力委員会委員長）

●意見陳述　村田　弘・増子理香・亀屋幸子・武藤類子・設楽俊司・大河原多津子・佐々木慶子
●証人　高橋哲哉・山崎久隆
●判事　鵜飼哲・岡野八代・田中利幸・前田　朗
●検事団　河合弘之・田部知江子・中川重徳・上杉崇子・河村健夫・深井剛志
●アミカスキュリエ　張界満・井堀哲・長谷川直彦

ヘイト・クライムと植民地主義

反差別と自己決定権のために

木村 朗
前田 朗 共編

植民地主義を克服するために、18名の執筆者が歴史と現在を往還。
差別と暴力支配の重層構造から私たちはいかにして脱却するのか!?

四六判　303頁
本体2300円
978-4-380-18003-3